Konrad Martin

Auch eine Enthüllung - oder Ein altes Buch gegen die neuen Irrungen

Konrad Martin

Auch eine Enthüllung - oder Ein altes Buch gegen die neuen Irrungen

ISBN/EAN: 9783743487154

Hergestellt in Europa, USA, Kanada, Australien, Japan

Cover: Foto ©ninafisch / pixelio.de

Manufactured and distributed by brebook publishing software (www.brebook.com)

Konrad Martin

Auch eine Enthüllung - oder Ein altes Buch gegen die neuen Irrungen

Auch eine Enthüllung

oder

ein altes Buch

gegen

die neuen Irrungen.

Herausgegeben

von

Dr. Konrad Martin,
Bischof von Paderborn.

Zweite Auflage.

Mainz,
Verlag von Franz Kirchheim.
1871.

Mainz, Druck von Florian Kupferberg.

Vorwort.

Wie viel des tödtlichen Giftes der Jansenismus von Anfang an mit sich geführt und in seiner weiteren Entwickelung um sich her verbreitet hat, besonders in Frankreich und in Italien, — ist gewiß manchem unserer Leser schon bekannt. Worüber denkende Betrachter der Geschichte der neuern Zeit jetzt allein noch streiten können, ist die Frage, welche von den beiden Parteien an jener Vergiftung der französischen Nation, die gegen Ende des vorigen Jahrhunderts den Umsturz der gesellschaftlichen christlichen Ordnung in dem unglücklichen Frankreich bedingte, den größeren Theil der Schuld trage, ob die Jansenisten mit ihrer schlechten Theologie, oder die Encyclopädisten mit ihrer gottlosen Philosophie. Sehr interessante Enthüllungen in Bezug auf diese Frage enthält die zuerst im Jahre 1787 in italienischer Sprache erschienene Schrift: La lega della Teologia moderna colla Filosofia ai danni della chiesa di Gesù Cristo, d. i. das Bündniß der modernen Theologie, (der Jansenisten) mit der Philosophie (der Encyclopädisten) zum Sturze der Kirche Jesu Christi.

Daß ein solches Bündniß, wie es diese Schrift uns vorführt, wirklich formell abgeschlossen sei, wage ich nicht zu behaupten. Es steht aber fest, daß beide Parteien factisch sich einander in die Hände arbeiteten und daß verschiedene hervorragende Jansenisten vor und während der ersten französischen Revolution sich zu Vertretern der religions- und kirchenfeindlichen Grundsätze der Encyclopädisten machten und mit ihnen dasselbe Ziel verfolgten. Daß daher die einen oder andern Führer der beiden Parteien auf dasselbe Ziel auch nach einem gemeinsam entworfenen Operations-Plane hingestrebt, eine solche Annahme wäre wenigstens aus innern Gründen nicht ganz unwahrscheinlich. Aber wie es sich hiermit auch verhalten möge: die innere Wahrheit der genannten Schrift wird davon nicht berührt. Das innere Wesen des Jansenismus und die schauerlichen practischen Consequenzen dieser weitverbreiteten Irrlehre der letzten Jahrhunderte sind darin nackt enthüllt und zwar in so drastischer Darstellung und mit einer so fein durchgeführten Ironie, daß sie in dieser Hinsicht als das gerade Gegenstück zu den berühmten und berüchtigten Provincial-Briefen erscheint. Während aber diese geistreiche Schrift Paskals sich nur als einen „verläumderischen geistreichen Roman" ausweist, der, um die Jesuiten moralisch zu vernichten, ihre Lehre und ihre Praxis fratzenhaft entstellt, geißelt unsere Schrift den wirklichen Jansenismus, wie er leibt und lebt.

Das Schicksal der beiden in geistreicher Behandlung ihres Gegenstandes sich so nahe verwandten Schriften war das gerade entgegengesetzte. Die Schrift Paskals machte ein solches Aufsehen, daß bald die ganze Welt voll davon war. Unsere Schrift aber, die von den Jansenisten nicht widerlegt werden konnte, wurde von ihnen bald nach ihrem Erscheinen unterdrückt und in fast allen Exemplaren bei Seite geschafft. Eine im Jahre 1825 davon veranstaltete französische Uebersetzung hatte fast das gleiche Geschick und die Herausgeber der Analecta juris Pontificii sahen sich veranlaßt, die Schrift, um sie vor gänzlichem Untergange zu bewahren, in ihren Blättern vollständig abdrucken zu lassen [1]).

Schon Papst Pius VI. machte auf diese höchst lehrreiche Schrift aufmerksam und er empfahl ihre Lesung dringend allen Denjenigen, die sich überzeugen wollten, wie man den Primat der Römischen Kirche in Worten bekennen und durch die That ihn vollständig verläugnen könne [2]).

---

1) Vergl. das Januar-Februarheft des Jahres 1868.
2) Sed cavendum vobis est diligenter a fraudibus eorum, qui quem Primatum amplissimis verbis profitentur, eum factis negant, et adeo illum elevandum deprimendumque curant, ut fere ad nihil redigatur. Artificiosum agendi modum hujusmodi probe detexit vulgavitque recentissimus libellus inscriptus: La lega della teologia moderna colla filosofia ai danni della chiesa di Gesù Christo, integer legendus (in der Antwort Pius VI. an die

— VIII —

Nach einer solchen Empfehlung wäre jede andere Empfehlung überflüssig. Nur die Bemerkung sei hier noch gestattet, daß dasjenige, was Papst Pius VI. in Bezug auf unsere Schrift vom Primate der Römischen Kirche sagt, auf fast alle Lehren und Einrichtungen der katholischen Kirche ausgedehnt werden kann. Fast alle sogenannten aufgeklärten, halbwahren oder unwahren theologischen Ansichten, die aus dem Schooße des Jansenismus hervorgegangen nun schon mehr als ein ganzes Jahrhundert in fast allen Ländern im Schwunge sind und die Köpfe nicht allein gebildeter Laien, sondern auch so vieler Priester beherrscht haben oder noch fortwährend beherrschen, sehen wir in dieser Schrift der Reihe nach sich aussprechen, und was noch mehr ist, wir sehen hier mit Augen ein kunstreich ausgedachtes System von höllischen Practiken und Kunstgriffen, wie man in der Kirche und mit den Waffen der Kirche sämmtliche Lehren und Einrichtungen der Kirche niederkämpfen könne. Man glaubte daher, den gebildeten Katholiken Deutschlands durch eine Veröffentlichung dieser deutsch überarbeiteten [1]) Schrift einen nützlichen Dienst zu erweisen. Was uns

---

Metropoliten von Mainz, Trier, Köln und Salzburg über die Apostolischen Nuntiaturen 2. Ausg., wo sich zwei Briefe an den Erzbischof von Köln finden. Rom 1790. 8. Kap.).

1) In dieser deutschen Ueberarbeitung hat man, ohne den Inhalt wesentlich zu ändern, vieles abgekürzt und in's Enge zusammengezogen, auch die Form vielfach dem deutschen Geschmacke mehr anzupassen gesucht.

aber, ehrlich gestanden, den Gedanken an eine neue Heraus=
gabe dieser Schrift zunächst eingegeben hat, ist das gegen=
wärtige ärgerliche und wüste Treiben unserer sogenann=
ten Protest=Katholiken. Auch in Beziehung auf diese
bietet uns diese Schrift höchst frappante Enthüllun=
gen. Ohnehin haben die Protest=Katholiken selbst neu=
lich durch den Mund ihrer Führer ihre geistige Ver=
wandtschaft mit den Jansenisten öffentlich documentirt.
Freilich das ursprüngliche Lehrsystem des Jansenius, wie
er es in seinem „Augustinus" ausgeprägt, — dieser nur
verfeinerte Calvinismus mit seiner Verneinung der mensch=
lichen Willensfreiheit und seiner Behauptung einer unwi=
derstehlich wirkenden göttlichen Gnade — liegt ihnen ohne
Zweifel sehr fern; wenigstens haben sie sich bis jetzt
eines solchen übertriebenen Supernaturalismus noch nicht
verdächtig gemacht. Ihre Verwandtschaft mit den Janse=
nisten liegt ganz anderswo. Insbesondere ist beiden
gemein die Anwendung derselben Kunstgriffe und Prac=
tiken, um die einmal eingenommene falsche Stellung zu
behaupten. So vieles und vielerlei auch diese Protest=
Katholiken in die Oeffentlichkeit gebracht haben, um ihre
faule, häßliche Sache zu beschönigen: der vergleichende
Leser unserer Schrift wird finden, daß kein einziges ihrer
Argumente neu ist. Ja, man kann sich des Gedankens
kaum erwehren, die Führer und Redner der Partei hätten
unsere Schrift bei ihren Kundgebungen vor Augen gehabt
und die darin mitgetheilten und so siegreich zurückgewiese-

nen jansenistischen Ansichten und Beweisgründe in ihren Reden und Resolutionen nur einfach reproducirt.

Auch verschiedene sehr eigenthümliche Sympathien und Antipathien haben beide, Jansenisten und Protest-Katholiken, miteinander gemein. Ich erinnere hier nur einerseits an ihr beiderseitiges Verhältniß zu Rom und zu den Jesuiten und anderseits an ihr Verhältniß zu den staatlichen Regierungen.

Antipathie gegen Rom haben zwar die häretischen Secten alle auf ihre Fahne geschrieben. Aber zwischen Antipathie und Antipathie ist ein Unterschied. Bei den einen Secten ist die Antipathie gegen Rom das Primitive, sie ist ihnen gleichsam in Fleisch und Blut übergegangen und bildet ihr eigentliches Lebenselement; bei den anderen ist sie das Secundäre und das Hinzugekommene, und hat ihnen mehr nur die Oberfläche der Haut geritzt. In den Reihen der Ersteren aber stehen die Jansenisten, insbesondere Diejenigen (denn Jansenius selbst nimmt sich gegen seine späteren Schüler in dieser Hinsicht noch wie ein unschuldiges Kind aus), welche wir unmittelbar vor und während der ersten französischen Revolution in die Zeitbewegungen eingreifen sehen. Wohin sie nur mit ihrem Einflusse dringen, das Cabinet Joseph's II. so gut wie den Emser Congreß und die Synode von Pistoja, alles verbittern und vergiften sie mit ihrem Hasse gegen Rom. Und unsere Protest-Katholiken? Wie sie gegen Rom gesinnt sind, davon geben allein schon das Janus-Buch und die Concils=Briefe der „Allgemeinen Zeitung" Zeugniß genug. Es wurde uns, beiläufig bemerkt, glaubhaft versichert, ein deutscher Priester und Professor, der sich später unter den Protest=Katholiken einen Namen erworben, habe am Tage vor seiner Abreise von Rom, wo er sich während des Vatikanischen Concils aufgehalten, mit einem Freunde auf dem Monte Pincio lustwandelnd, von da nach dem Vatikan hinübergesehen und gleichsam als letzten Scheidegruß hinübergesandt den sehr lebhaft ausgesprochenen Wunsch, es möchte doch ein Blitzstrahl vom Himmel fallen und diesen ganzen Vatikan mit aller seiner Herrlichkeit zerschmettern. Wirklich, eine prachtvolle Illustration des „athembeklemmenden Papstthums" im Janusbuche und der neulichen wüthenden Zornausbrüche im Münchener Glaspalaste.

Man wird uns auch kaum noch zwei andere Secten nennen können, bei denen sich ein so intensiver Jesuiten=Haß kund gäbe. Jedem Jansenisten galt ein jeder Jesuit als ein Inbegriff alles Verabscheuungswürdigen, dem man alles Böse nachsagen und den man, in wirklicher Ausübung des den Jesuiten angedichteten Grundsatzes, daß „der Zweck die Mittel heilige" mit den unerlaubtesten Waffen bis auf den Tod bekämpfen müsse (es sei nur an die oben genannten verläumderischen Provincial=Briefe erinnert). Und jeder Protest=Katholik schwört euch, daß an dem Zustandekommen des unglücklichen Infallibilitäts=Dogma allein die schrecklich bösen

Jesuiten die Schuld tragen und daß die arme Menschheit überhaupt nicht eher wieder zur Ruhe kommen werde, bis diese abscheuliche Gesellschaft mit Stumpf und Stiel ausgerottet sei.

Hinsichtlich der den Jansenisten und Protest=Katholiken gemeinsamen Sympathien sprachen wir soeben das Wort **staatliche Regierung** aus. Man glaube ja nicht, wir wollten einem illoyalen, unpatriotischen Verhalten das Wort reden. Was können wir arme Ultramontanen aber wohl noch mehr thun, als daß wir für König und Vaterland Gut und Blut hingeben! O, dieses häßliche Natterngezücht, das so jeden Vorwand benutzt, das Gift der Verläumdung gegen uns auszuspritzen und die heiligen Lehren unserer Kirche den Regierungen als staatsgefährlich denuncirt. Und wenn die elenden Denuncianten doch wenigstens selbst noch an die Wahrheit ihrer Anklage glaubten! Aber sie selbst glauben so wenig an die Staatsgefährlichkeit des Dogma von der Infallibilität des päpstlichen Lehramtes, als einer der Regierungs-Männer oder Diplomaten, um deren Gunst sie jetzt buhlen, jetzt oder jemals daran glaubt. Herr von Arnim z. B. zählt doch gewiß nicht zu den am wenigsten geschickten und einsichtigen Staatsmännern und Herr von Arnim hält dieses Dogma für so wenig staatsgefährlich, daß er eines Tages mir in Rom sein höchliches Verwundern darüber ausdrückte, daß dieses Dogma in Rom und außerhalb Rom die Geister in so heftige Bewegung versetze, indem er hinzufügte, daß die Protestanten in Deutschland ja längst dafür gehalten, die Unfehlbarkeit des päpstlichen Lehramtes in Glaubenssachen habe den Katholiken schon immer als feststehende Wahrheit gegolten. Und so wenig der Herr von Arnim, so wenig ist oder wird jemals ein deutscher Staatsmann so beschränkt und abergläubisch sein, um etwas so Abgeschmacktes zu glauben, und wenn auch hundert officiöse oder halbofficiöse Zeitungen täglich das Gegentheil sagen, und wenn Regierungsmänner oder Minister, wie v. Lutz, es sogar selbst sagen.

Doch es ist Zeit, daß wir die Schrift selbst dem geneigten Leser in die Hand geben. Sie bedarf keines weiteren Commentars und wir sind überzeugt, kein denkender Leser wird sie unbefriedigt aus der Hand legen.

Am Feste des heil. Lucas 1871.

Der Herausgeber.

Das Bündniß der modernen Theologen und der freidenkenden Philosophen zum Sturze der Kirche Christi.

Erstes Kapitel.

Der aufgeklärten Philosophie dieses Jahrhunderts, einer so treuen und edlen Bundesgenossin der Humanität, waren schon längst die Spaltungen und Vorurtheile zuwider, die eine mißverstandene Religion nach sich zieht. Sie hatte sich daher zu dem großen Gedanken erhoben, alle die verschiedenen Secten, in welche das blühende Europa sich theilte, in eine einzige Religion und in eine einzige Form des Cultus zu Ehren des höchsten Wesens zu verschmelzen. Ein so schöner und heilsamer Plan ruhte aber erst lange verschlossen in den Herzen einiger Wenigen, bis man anfing, ihn in verschiedenen Schriften zum Ausdrucke und an die Oeffentlichkeit zu bringen. Nachdem aber einmal die Bahn eröffnet worden, traten solcher Schriften so viele an's Licht, daß auch die besten Köpfe dadurch in Verwirrung gebracht wurden und ihre Ideen sich verdunkelten. Die Verwirklichung dieses Planes stieß indeß auf nicht unbedeutende Schwierigkeiten. Die in den Völkern so tief eingewurzelten Vorurtheile, die siegreichen Widerlegungen der Argumente der Philosophen und Freidenker von Seiten hervorragender katholischer Gelehrten, die große Zahl eifriger Welt= und Ordenspriester, die wirksamen Vorträge großer katholischer Kanzelredner, die größere Sorgfalt in der christlichen Erziehung der Jugend, die in der letzteren Zeit eingeführten geistlichen Exercitien und die vielen frommen religiösen Uebungen, die so zahlreichen und für die Sache der Religion so thätigen Bruderschaften und religiösen Genossenschaften, der eifrige Empfang der heiligen Sacramente und so manche andere Ueberreste der alten christlichen Religiosität und Frömmigkeit stellten sich der aufgeklärten Philosophie als starre Schlagbäume entgegen, die ihren menschenfreundlichen Unternehmungen den Weg versperrten.

Da sie inzwischen in der staatlichen Gesellschaft zu hohem Ansehen und in den Besitz äußerer Macht gelangt war: so hätte sie wohl ihre Absichten mit Gewalt durchsetzen können, indem sie der ganzen geoffenbarten Religion den Krieg erklärte und (worauf ihr Dichten und Trachten eigentlich hingerichtet war) auf den Trümmern dieser geoffenbarten Religion die siegreiche Fahne der reinen Vernunftreligion aufsteckte. Bei ihrer erleuchteten Einsicht konnte sie sich aber nicht verhehlen, daß sie durch Anwendung von Gewalt in Dingen der Religion große Unruhen und Erschütterungen hervorrufen würde, besonders im Schooße der römisch=katholischen Kirche, da diese, zäher und widerstandskräftiger, als alle von ihr getrennten Secten, der Gewalt sich nicht so leicht beugen werde. Die Philosophie sann daher auf andere, friedliche Mittel, ihren menschen= und völkerbeglückenden Zweck zur Ausführung zu bringen. Solche friedliche und doch zum Ziele führenden Mittel waren aber so leicht nicht ausfindig zu machen; und die Philosophie befand sich daher in nicht geringer Verlegenheit. Da machten glücklicher Weise ein paar ihrer tüchtigsten Vertreter eines Tages die Bekanntschaft mehrerer Theologen, die sich als Schüler des Jansenius auswiesen. Aus der näheren Bekanntschaft entwickelte sich bald eine intime Freundschaft, indem in Folge der wechselseitig gepflogenen, vertraulichen Mittheilungen beide Theile die Ueberzeugung gewannen, daß ihre beiderseitigen Zwecke sich sehr nahe berührten. Jene Philosophen bezweckten, wie eben gesagt ist, alle Glaubensdifferenzen verschwinden zu machen und alle Secten, in die Europa sich spaltete, in der reinen Vernunftreligion zu vereinigen; diese modernen Theologen dagegen hatten es darauf abgesehen, die römische Kirche durch eine aufgeklärte Reform dahin zu bringen, daß sie sich mit den anderen von ihr getrennten christlichen Gemeinschaften friedlich vereinigte. Beide Theile fanden ein gemeinsames Vorgehen sehr in ihrem Interesse, da jeder Theil für seinen besonderen Zweck von dem andern sich sehr wichtige Vortheile versprach. Die Philosophen hofften mittelst der von der modernen Theologie angestrebten Kirchenreform sich die Wege zur Einführung der reinen Vernunftreligion zu ebnen; die Theologen hofften mittelst der äußeren Machtmittel, die ihr die Philosophie zur Verfügung stellen würde, den furchtbaren Wall, von dem die katholische Kirche umgeben ist und der sie von den übrigen christlichen Gemeinschaften so streng absondert, gänzlich zu zerstören.

Kaum hatten sie die allgemeinen gegenseitigen Verabredungen getroffen, so bat sich Julius, der gewiegteste Vertreter der modernen Theologie im Namen seiner Collegen sogleich die Gunst aus, ihre die Kirchenreform betreffenden Gedanken und Vorschläge in einer Conferenz den Philosophen im Einzelnen genauer zu entwickeln.

Die Conferenz fand am anberaumten Tage in einem dafür ausgewählten sehr schönen und geräumigen Saale statt und es war ein höchst interessantes Schauspiel, wie ein ähnliches in den früheren Jahrhunderten wohl noch nie gesehen worden: die ebenso anmuthige als majestätische Vereinigung der Philosophie mit der Theologie hier in diesem Saale gleichsam verkörpert zu sehen. Julius, der stets seine fromme und ernste Haltung bewahrte, eröffnete im Namen seiner Collegen die Conferenz mit folgendem sehr interessanten Vortrage.

Die wichtige Angelegenheit, worüber Ihr Herren Philosophen dem Publikum gegenüber noch ein so strenges Geheimniß bewahrt, ist uns sehr wohl bekannt. Wir wissen, ihr habt den herrlichen Plan erdacht, die armen Sterblichen von den so lästigen Fesseln ihrer, ihnen theils durch Erziehung, theils durch Furcht aufgedrungenen religiösen Vorurtheile zu befreien. Gewiß ein sehr schönes und großes Unternehmen, würdig so erleuchteter Geister, wie sie ein glückliches Geschick unserem Jahrhunderte in so reichlicher Fülle geschenkt hat, um gleichsam, wie durch den Glanz einer neuen Sonne die alten dichten Finsternisse zu zerstreuen, worin das arme Menschengeschlecht bis jetzt eingehüllt war! Aber so vortheilhaft und vernünftig dieses große Unternehmen ist, so stößt es doch auch auf sehr große Hindernisse. Diese können nur durch eine neue wahrhaft vernünftige Theologie glücklich überwunden werden. Eine solche vernünftige Theologie ist aber in dieser sonst so unglücklichen Zeit wirklich wie ein neues Gestirn der Welt aufgegangen und sie bietet euch ihren Beistand und ihre treuen Dienste an. Die geoffenbarte Religion kann man den Völkern nicht entreißen, wenn man nicht zuvor alle jene Fundamente, auf denen sie aufgebaut ist, gänzlich untergraben hat. Bekanntlich ruhen aber diese Fundamente auf geoffenbarten Wahrheiten. Und diese sind nicht so leicht bei Seite geschafft. Denn greifen wir sie offen an, so wird uns die römische Kirche ebenso als Ketzer brandmarken, wie sie es einen Wiklef, Huß, Luther und Calvin gethan hat, und es werden sich wieder dieselben traurigen Scenen wiederholen, die es jetzt eben zu vermeiden gilt.

Wir glauben euch daher eine andere und, wie uns scheint, viel verständigere und angemessenere Weise des Vorgehens proponiren zu müssen. Die üblichen Worte behalten wir bei, wir reden von Kirche, von der heiligen Schrift, von Concilien, von Tradition, von kirchlicher Disciplin u. s. w.; erklären uns aber darüber in einer Weise, daß der Sinn ein ganz anderer wird und daß die Katholiken selbst an ihrem Glauben irre gemacht werden. Dabei bedienen wir uns einer sehr salbungsreichen Sprache und tragen einen sehr großen religiösen Eifer zur Schau, so daß wir hierin der katholischen Kirche den Vorsprung abgewinnen und gegen sie zuerst die Sprache führen, deren sie sich gegen uns bedienen müßte. Wir beklagen es mit bitteren Thränen, daß der Glaube jetzt so abgenommen habe und fast erloschen sei. Wir pressen dem Evangelium selbst im Voraus zu unseren Gunsten Zeugniß ab; wir erinnern z. B. an Aussprüche, wie folgende: „**Wenn des Menschen Sohn kommen wird, glaubt ihr denn, daß er auf Erden Glauben finden würde**[1]!" Wir beweinen diese traurige Verdunkelung, die über die Kirche gekommen ist; wir sprechen unseren tiefen Abscheu gegen den Hochmuth stolzer Geister aus, welche

---

1) Luc. 18.

selbst die klarsten Wahrheiten des Evangeliums nicht mehr anerkennen wollen. Wir erheben die göttliche Vorsehung, die nicht gestatten werde, daß die Kirche, die theure Braut Christi, im Irrthum verbleiben oder daß die Pforten der Hölle über sie siegen werden. Dann zeigen wir, daß gerade wir es sind, in denen sich die Verheißungen des Erlösers noch fortwährend bewahrheiten. Jenen Charakter, wodurch der Apostel Judas die Verführer kennzeichnet, heften wir unseren Gegnern zuerst an, ehe wir ihnen Zeit lassen, denselben uns anzuheften. „Sie," (die Verführer), sagen wir mit diesem Apostel, „sind Schandflecken bei ihren Liebesmahlen, sie prassen ohne Scham, mästen sich selbst, sind Wolken ohne Wasser, die von den Winden umhergetrieben werden, Bäume des Herbstes, unfruchtbar, zweimal erstorben, ausgewurzelt; wilde Wellen des Meeres, die ihre eigene Schande ausschäumen, Irrsterne, welchen das Toben der Finsterniß für ewig aufbehalten ist."

Wir machen es unseren Gegnern zum Vorwurfe, daß sie die Sanftmuth und die Demuth Jesu Christi nicht kennen, da man doch allein durch diese Tugenden sich als einen wahren Christen zeigen kann. Die schönen Aussprüche des Evangeliums, welche den Jüngern Jesu Christi diese Tugenden so eindringlich predigen, rufen wir zuerst an und machen davon die Nutzanwendung, damit, wenn die römischen Katholiken uns dieselben später vorhalten, sie uns nur nachzusagen scheinen, was wir ihnen vorgesagt. Man wird sich nicht wenig wundern, solche geheiligte Worte aus unserm Munde zu vernehmen; und im heftigen Handgemenge, wo beide Parteien sich derselben Waffen bedienen, wird man nicht mehr wissen, auf welcher Seite die katholische Wahrheit zu finden sei. Diese schwankende Ungewißheit, die sich in demselben Maße steigern wird, als wir die religiösen Fragen unserer Discussion unterwerfen, wird aber eurer Philosophie selbst sehr zu statten kommen und ihre Bestrebungen, die zwiespaltigen religiösen Parteien in ihrem Schooße zu vereinigen, wesentlich fördern. Dies, geehrte Herren Philosophen, ist das erste Mittel, das wir Euch als ein äußerst wirksames und zweckgemäßes in Vorschlag zu bringen haben.

Haben wir aber unseren Gegnern erst dadurch den Vorsprung abgewonnen, daß wir dieselben Waffen gegen sie kehren, womit sie gewöhnlich uns angreifen, so werden wir der Kirche Herr werden, noch ehe sie uns auch nur einen rechten Widerstand leisten kann. Wir bleiben nämlich in ihrem Schooße, als ob wir ihre Anhänger wären. Wir ahmen den Häschern nach. Diese greifen einen starken und wohlbewaffneten Mann ebenfalls nicht offen und von vorn an; sondern sie lassen sich als seine Freunde und als treue Gefährten an, und dann, wenn er es sich am wenigsten versieht, stürzen sie sich auf ihn, binden ihm die Hände, daß er sich seiner Waffen nicht bedienen kann, schließen ihm den Mund, daß er Niemanden zu Hülfe rufen kann, knebeln ihn und schleppen ihn dann ohne Geräusch in's Gefängniß. Wir vernichten die Kirche mit ihren eigenen Waffen, wir begraben sie unter ihren eigenen Ruinen, und diese Ruinen, wir stellen sie mittelst eines magischen Zauberspiels als einen nach dem Geschmacke der Architectur der ersten Jahrhunderte aufgeführten Bau hin. Wir zerstören ihre Fundamente, indem wir die Leute glauben machen, wir befestigten sie; wir stürzen sie um, und spiegeln den Leuten vor, wir reformirten sie. Schließlich ist aus einem römischen Katholiken in aller Ruhe, und ohne daß er es selbst merkt, ein Anhänger

Calvins geworden, und haben wir erst die römischen Katholiken, ohne daß sie es selbst merken, unter unsere Herrschaft gebracht, so ist auch das Haupthinderniß, das sich der Vermengung aller christlichen Secten in der reinen Vernunftreligion bisher entgegengestellt hat, glücklich aus dem Wege geräumt, und ihr Herren Philosophen habt dann ein sehr leichtes Spiel.

Zweites Kapitel.

Dieser Eingang des Vortrags gefiel den Philosophen ganz ausnehmend und er wurde von der ganzen Versammlung sehr applaudirt. Wie machen wir es aber, fielen sie hier ein, um die so höchst unbequeme Autorität des Papstes los zu werden? Denn dies scheint uns doch bei dem ganzen Unternehmen der erste Schritt, wovon jeder weitere Erfolg bedingt ist. Freilich, entgegnete Julius im Namen seiner theologischen Gesinnungsgenossen, erscheint es auch uns als die erste Aufgabe, die wir hier zu lösen haben, daß wir uns der Autorität des Papstes entledigen. Aber es läßt sich ihr ohne große Schwierigkeit nicht beikommen. Greift man sie offen an, so theilt man dasselbe Schicksal mit Luther und Calvin, und wir schaden dann durch unbesonnenes Vorgehen der guten Sache, statt ihr zu nützen. Um uns daher nicht umsonst den Bissen wüthender Hunde auszusetzen, werden wir uns Anfangs erst den Schein geben, als ob wir die Autorität des Papstes anerkännten; um dann später unter dem plausiblen Vorwande, nur Mißbrauch und Uebertreibung zu beseitigen, dem Papste alles das wieder zu nehmen, was wir ihm anfänglich scheinbar zuerkannt. Der kluge Chirurg, der an seinem Kranken eine Amputation vornehmen will, versichert diesen, um ihm die Furcht zu benehmen, er wolle blos, um seinen Säften eine Ableitung zu schaffen, an der betreffenden Stelle seines Körpers eine kleine Oeffnung machen: hat er aber das Messer einmal angesetzt, dann schneidet er auch ohne Schonung und Erbarmen. Was liegt denn, ihr Herren, daran, daß wir dem Papste aus Politik Anfangs ungefähr ebensoviel zuzugestehen scheinen, wie der Senat von Venedig seinem Dogen? Das Wesentliche besteht doch darin, daß man das Mittel in der Hand hat, ihm mit allem Anstande den Gehorsam zu verweigern. Eine Autorität, die man ungestraft verachten kann, ist doch wahrlich nicht zu fürchten, so wenig wie ein Untergebener, der seinem Fürsten ungestraft ungehorsam sein kann, frei zu sein aufhört.

Wie es aber anzufangen sei, die Autorität des Papstes, die man scheinbar stehen läßt, dem Wesen nach zu erschüttern und zum Falle zu bringen, hierüber erlauben wir uns folgenden Vorschlag. Ihr, geehrte Herren Philosophen, fangt als gute Patrioten damit an, daß ihr vor den königlichen Tribunalen die päpstliche Gewalt als staatsgefährlich anklagt. An Gründen, womit ihr diese Anklage rechtfertigt, wird es euch nicht fehlen. Dann kommen wir Theologen und betrachten, euch secundirend, diese Frage unter dem theologischen Gesichtspunkte. Auch wir werden um Gründe nicht verlegen sein. Die heilige Schrift, und selbst das Evangelium sollen für euch Zeugniß ablegen. Ist doch die heilige Schrift ein unerschöpflicher Schatz, wo Jeder findet, was er sucht; sie ist ein Dictionär aller Sprachen; jeder kann sie reden lassen, wie es ihm gefällt. Die katholischen Fürsten haben zwar für die Religion, in der sie erzogen sind, eine gewisse Achtung; wenn aber die Philosophen ihnen von der einen Seite die großen Gefahren vor Augen stellen, wovon ihre Souveränetät durch die päpstliche Gewalt bedroht ist, und wenn die Theologen anderseits ihnen beweisen, daß sie auch ohne Anerkennung dieser ihren Thronen so gefährlichen päpstlichen Autorität gute Katholiken sein können: so sind sie nicht genug theologisch gebildet, um zu sehen, daß man sie täuscht, und sie fallen uns dann arglos in's Netz. Ja sie werden, wenn sie in ihren Staaten die päpstliche Gewalt unterdrücken, noch glauben, ein gutes Werk zu thun, und für die Wohlfahrt ihrer Unterthanen ebenso sehr, wie für die Sicherheit ihres Thrones zu sorgen.

Die philosophischen Freidenker waren voller Bewunderung für diese herrliche Combination und begriffen immer mehr, daß ihnen bei Ausführung ihres Unternehmens die Leitung und der Rath dieser Theologen ganz unentbehrlich sei. Aber, erwiederten sie hier, wie bringen wir es doch erst dahin, daß die Völker, die nach Voltaire's Ausdruck „diesem Idole im Vatican aus Gewohnheit Weihrauch streuen", unseren Rathschlägen Gehör schenken und einen so tief eingewurzelten Irrthum aufgeben? Man wird sich doch hier vor Allem erst der Bischöfe versichern müssen, und diese machen es sich zu einer strengen Gewissenspflicht, mit dem Papste stets Hand in Hand zu gehen und ihm sich in Allem unterwürfig zu zeigen.

Macht euch deßhalb keine Sorge, antwortete Julius, der Theologe. Unsere Wissenschaft wird mit der päpstlichen Autorität schon fertig werden. Welch' ein schätzbares Material liefern uns für diesen Zweck nicht allein schon die Acten der beiden großen allgemeinen Concilien von Konstanz und Basel? Auch verschiedene andere kirchliche Autoritäten, große Kirchenschriftsteller und kirchengeschichtliche Ereignisse werden wir gegen die päpstliche Autorität in den Kampf führen. Ueberhaupt aber umgeben wir uns mit dem Nimbus der Gelehrsamkeit. Wir imponiren dadurch nicht allein sehr vielen Laien, sondern auch vielen Klerikern, die, ihrer großen

Mehrzahl nach, ebenso wenig wie jene, Schein von Wahrheit zu unterscheiden wissen. Nach Umständen werden wir uns auch keine Bedenken daraus machen, gewisse Texte zu verstümmeln oder zu verfälschen; gerade wie wir es für unsere Zwecke dienlich finden. Endlich bringen wir die Streitfrage über die Autorität des Papstes vor die Oeffentlichkeit, wir tragen sie hinein in die Häuser, in die Buden und Werkstätten, auf die Marktplätze; wodurch wir die Ehrfurcht gegen den heiligen Stuhl sicherlich nicht befördern werden. Die Einwendungen unserer Gegner erwiedern wir mit Ausfällen gegen das dunkle, barbarische Mittelalter und gegen die falschen Decretalen. Mit diesem Schreckbilde des dunklen, barbarischen Mittelalters schlagen wir überhaupt jeden Angriff auf unser theologisches System zu Boden. Die Dogmen mögen so fest sein, wie sie wollen, die religiösen Ueberlieferungen und Gebräuche mögen noch so ehrwürdig sein: sobald sie uns unbequem sind, werfen wir sie einfach in den dunklen Abgrund dieses barbarischen Mittelalters. Dadurch werden wir auch am leichtesten, und ohne viel Aufsehen zu erregen, der Meinung Bahn brechen, daß die Kirche schon lange dem Irrthume verfallen sei. Luther trat mit dieser Meinung zu offen hervor, und wurde deßhalb von der Kirche als Häretiker gebrandmarkt; wir werden durch mehr Vorsicht und Besonnenheit das Ziel, das dieser anstrebte, viel leichter erreichen und uns dadurch noch obendrein den Ruf der Unparteilichkeit und Gelehrsamkeit sichern. Die freisinnigern Grundsätze, denen wir in Beziehung auf die päpstliche Autorität das Wort reden, werden ohnehin sehr vielen Menschen ausnehmend behagen. Jeder trägt in sich den Geist des Widerspruchs. Er fügt sich nur der bewaffneten Autorität, nur der zwingenden Gewalt, und er empfindet ein unsäg-

liches Vergnügen, wenn er sich ungestraft der Autorität wider=
setzen oder entziehen kann. Die Sporteln, die aus Anlaß
der Anfertigung von Bullen, der Verleihung von Beneficien
u. dgl. nach Rom zu entrichten sind, erwecken ebenfalls im
Klerus nicht immer die angenehmsten Empfindungen. Der
Eigennutz ist ein Fehler, den man bei dem Mitmenschen mit
unerbittlicher Strenge verurtheilt, den aber Jeder sich selbst
leicht verzeiht. Man erlangt auch von Rom nicht immer
Alles, was man von ihm begehrt. Jeder legt sich gern be=
sondere Verdienste bei und rächt sich gern an Denjenigen,
die diese seine vermeinten Verdienste nicht genug würdigen.
Die Abneigung gegen die römische Curie führt aber bald
zur Abneigung gegen den Papst selbst. Es kann daher nicht
fehlen, daß unsere freisinnigen Grundsätze, die den Papst
und seine Autorität betreffen, sich bei sehr Vielen einschmei=
cheln und als unzweifelhafte Wahrheiten von ihnen aufge=
nommen werden. Und die Bischöfe, die ihr so fürchtet und
von denen ihr glaubt, daß sie sämmtlich zur Vertheidigung
der geistlichen Gewalt des Papstes geeinigt, eine unbesiegliche
Armee bilden würden — was sie betrifft, befolgen wir das
große Princip der Politiker: divide et impera (theile sie, und
du wirst sie beherrschen). Wir theilen sie, indem wir gewisse
geheime Wünsche und Interessen in ihnen anfachen. Wir er=
heben die bischöfliche Gewalt; wir fordern die Wiederherstellung
ihrer ursprünglichen Rechte, die wir als ganz unveräußerlich
und durch das Uebergewicht der päpstlichen Gewalt verletzt
darstellen. In der heiligen Schrift, bei den heiligen Vätern,
in der Kirchengeschichte suchen wir für unsere Behauptung
die Beweisgründe und das Privatinteresse der Bischöfe wird
dasjenige, was diesen Beweisgründen an Beweiskraft abgeht,
leicht ergänzen. Ein Mensch ist nie zufrieden mit dem, was

er hat; er verlangt immer mehr. Mit allen anderen Sterblichen theilen diese Schwachheit auch die Bischöfe. Stoßen sie auf irgend welche Hindernisse und Schwierigkeiten, so schreiben sie dieselben niemals auf Rechnung ihres fehlerhaften Vorgehens oder auf Rechnung der geringen Sorge, die sie anwenden, um von ihrer bischöflichen Autorität einen guten Gebrauch zu machen; sondern sie bilden sich ein, daß alle diese Hindernisse und Schwierigkeiten nur daher entspringen, daß sie zu wenig Gewalt haben und daß sie, mit mehr Gewalt ausgerüstet, allen Hindernissen und Unordnungen die Spitze bieten würden, indem dann Volk und Clerus ihnen mehr unterworfen sein und sie freiere Hand haben würden, um so oder anders zu handeln. Selbst die am meisten geistlich gesinnten Bischöfe finden dieses geheime Verlangen nach mehr Macht ganz in der Ordnung und halten es für ebenso fromm als gerecht. Eine solche geistige Verfassung bringt es aber mit sich, daß sie Behauptungen und Sätze, wie die obigen, gern hören, und hierauf bezügliche Fragen gern aufwerfen werden. Ihre Verehrung gegen den heiligen Stuhl wird unvermerkt sich mindern; sie betrachten ihn mit einem mehr critischen und eifersüchtigen Auge, sie sehen im Papste einen Gegner, der sie zu unterdrücken sucht. Fügt man dem Papste Unbilden zu, so werden sie diesen nicht mehr mit solcher Kraft sich widersetzen, im Gegentheile werden sie dieselben vielleicht mit einem geheimen innern Wohlbehagen mitansehen, überzeugt, daß ihre Macht um ebenso viel steigen wird, als die des Papstes sinken wird. Haben wir aber die Bischöfe bis auf diesen Punkt gebracht, dann macht euch auf eine höchst drollige Scene gefaßt. Wie nämlich die Vögel, durch den lustigen Gesang ihres Gleichen eingeladen, die freie Ebene verlassen

und sich in ein zu ihrem Fange bestimmtes Revier einschlie=
ßen und wie sie hier, erschreckt durch das vom Jäger künstlich
verursachte Geräusch, sich auf den Boden niederlassen und in
die gelegten Netze hineinfallen: gerade ein solches Schauspiel
werden euch auch die Bischöfe darbieten. Angetrieben vom
Verlangen nach mehr Ansehen und Macht, werden sie dem
Papste den Rücken kehren und werden sich sehr vergnügt
unter den Schutz der philosophischen Theologie begeben.
Kaum aber haben sie sich dahin begeben, in der Hoffnung,
gleichsam ihre Mitra mit der Tiara zu vertauschen, d. h.
einen höheren geistlichen Machtzuwachs zu erlangen, so sehen
sie sich durch eine ganze Masse auf sie zudringender staatlicher
Decrete, welche wie Schmetterlinge sie umschwirren, völlig in
die Enge getrieben, und stürzen sich in die Schlingen des
Gehorsams und der Unterwerfung gegen eure Philosophie.
Und dann eilen wir Theologen herbei, um euch bei eurem
weiteren Vorgehen unter die Arme zu greifen. Wir nennen
den Fürsten den wahren Bischof der äußeren Angelegenhei=
ten der Kirche, wir lehren, daß die Rechte der Bischöfe ein=
geschränkt seien auf das rein geistliche Gebiet, und da das
Geistliche wieder von verschiedenen äußeren Handlungen, vom
äußeren Cultus nicht getrennt werden kann, so schnüren wir
Geistliches und Zeitliches in ein Bündel zusammen, um
Beides zugleich unter die Gewalt der herrschenden Philo=
sophie zu bringen. Wir machen es uns dann zur Aufgabe,
eine Form des äußeren Cultus zu ersinnen, die euren philo=
sophischen Ideen möglichst entsprechend ist, wir verzieren die=
selbe mit unseren theologischen Phrasen, um den Cultus ja
noch als einen katholischen erscheinen zu lassen und um
zu verhindern, daß das Volk sich getäuscht sehe. Dadurch
werden wir euch sicherlich einen sehr wesentlichen Dienst lei=

sten, der Euch die Ausführung Eures Unternehmens ausnehmend erleichtern wird. —

Sehen wir aber, daß die Bischöfe ihren Irrthum erkennen und sich mit aller Anstrengung ihrer Kräfte aus ihrer Schlinge wieder herauszuziehen suchen, so vereiteln wir dadurch ihre Bemühungen, daß wir die **Priester** gegen sie aufwiegeln. Mit dem angelegentlichsten Interesse erinnern wir sie an ihre ursprüngliche göttliche Institution und wie ihr Stand durch den Despotismus der Bischöfe ganz erniedrigt und herabgewürdigt werde; wir bringen ihnen zum Bewußtsein, daß sie ebenso wie die Bischöfe **Richter in Glaubenssachen** seien, daß sie von Jesus Christus eine **unmittelbare und ordentliche** geistliche Gewalt über ihre Gemeinden erhalten haben und wir nehmen endlich das Rauchfaß, das jetzt nur dazu diente, den Thron des Bischofs zu beräuchern, und beräuchern damit den Chorstuhl des Pfarrers. Welch einen angenehmen Kitzel werden so schmeichelhafte Lehren in den Ohren so mancher Pfarrer hervorbringen, die jetzt ungekannt von der Welt und unbeachtet auf den Höhen ihrer Berge oder eingeengt in ihren Thälern weilen! Man stelle sich vor, wie diese Guten, die bisher an nichts weniger, als an eine so große Ehre gedacht, wenn sie urplötzlich auf ihrem Haupte die Mitra, in ihren Händen den Hirtenstab sehen, sich wie jener Frosch in der Aesopischen Fabel auf einmal aufblähen werden. Nach jenem großen Grundsatze: daß Alles, was wir wollen, auch gerecht sei, werden alle sich sogleich beeifern, unsere Lehre zu rühmen, sie anzupreisen und sie der Zahl der geoffenbarten Wahrheiten einzureihen. Sie werden sich gegen ihre Bischöfe zu vertheidigen wissen und ihre göttlichen Rechte aufrecht halten. Dem Scheine nach wird man wohl eine gewisse Subordination gegen den Bischof bestehen lassen, diese wird aber ebenso bedingt und eingeschränkt sein, als die Subordination der Bischöfe gegen den Papst; es wird, wie man's nennt, eine canonische Subordination sein, unter welchem Ausdrucke dann verstanden wird: wir gehorchen, wenn es uns gefällt. Man mischt in seine Worte Complimente, Ausdrücke der Achtung und Verehrung; aber gehorchen? — nein, das Gehorchen kennt man nicht mehr. Die Bischöfe sind durch ihre eigenen Pfarrer selbst fast zur Nullität herabgedrückt, und sind höchstens noch da, um in ihren Diöcesen zu repräsentiren, etwa wie der Doge zu Venedig, der Doge zu Genua oder der Fürst zu Lucca.

Aber hiermit noch nicht zufrieden, haben wir es sogar darauf abgesehen, uns allmählich der Bischöfe ganz zu entledigen; da wir sie ja doch nur noch zur Ertheilung der Weihen der Priester nöthig haben. Wir denken, die Sache so zu arrangiren, daß der Fürst die religiösen Angelegenheiten mittelst einer kleinen Anzahl von Pfarrern, wie es jetzt in der calvinistischen Confession üblich, selbst zu ordnen habe. Eine solche Einrichtung entspräche mehr der christlichen Einfachheit und wird für die bürgerliche Ordnung am wenigsten Verwickelungen herbeiführen.

Drittes Kapitel.

Welche herrliche Gedanken und Vorschläge, entgegneten hier die Philosophen! Wir hätten mit allen unseren philosophischen Abstractionen dergleichen niemals zu ersinnen vermocht! Aber, um Vergebung, vielleicht wechselt ihr nur die Schwierigkeit, statt sie zu beseitigen. Wir fürchten, wenn wir den Bischöfen den Abschied geben, so machen wir die Pfarrer zu Bischöfen; und wir haben dann die Bischöfe nur noch vervielfältigt, so daß der letzte Irrthum schlimmer sein wird, als der erste!

Macht euch deßhalb nur keine Unruhe, erwiederte der Theologe Julius. Auch für diese von euch befürchtete Möglichkeit haben wir Vorsorge getroffen. Oder glaubt ihr etwa, nachdem wir uns der Gewalt des Papstes und der Bischöfe so glücklich entledigt haben, würden wir uns sogar vor derjenigen der Pfarrer beugen? Die Pfarrer haben wir nur emporgehoben, um die Bischöfe niederzudrücken. Wir bedienen uns ihrer nur als Werkzeuge, um die Völker gegen die Autorität des Papstes und der Bischöfe mißtrauisch zu machen. Haben sie uns diesen Dienst geleistet, so entledigen wir uns auch ihrer, und setzen an die Stelle ihrer Autorität die unsrige. In Reserve halten wir uns aber noch einen anderen kostbaren theologischen Grundsatz, den wir schon in ein paar Schriften eben hingeworfen, und womit wir zur rechten Zeit hervorrücken werden. Wir lehren nämlich ganz einfach: die Schlüsselgewalt ist von Jesus Christus der Gesammtheit der Gläubigen und nicht allein den Dienern der Kirche übertragen worden; die Körperschaft der Gläubigen, worin die Schlüsselgewalt ruht, überträgt die bloße Ausübung derselben einfachen und stets von ihrem Willen abhängigen Dienern.

Und von welcher unermeßlichen Tragweite ist nicht dieser Satz! Er bedeutet so viel, als: das Volk überträgt kraft seiner höheren Autorität dem Johannes die Ausübung des Hirtenamtes; und will etwa dieser Johannes durch seine Autorität oder Lehre dem Volke imponiren, so entzieht das Volk einfach dem Johannes die Schlüsselgewalt und überträgt sie dem Jakobus. Und da das Volk unbedingt Herr der Schlüsselgewalt ist, so kann es auch deren Gebrauch willkürlich einschränken, es kann dem Jakobus einfach die Akte des äußeren Gottesdienstes vorschreiben, solche religiöse Uebungen, wovon es glaubt, daß sie dem Glücke, der Eintracht und dem Frieden des Staates, und wenn ihr wollt, auch dem Geiste eurer Philosophie mehr förderlich sein werden. Wenn dann die Pfarrer glauben, sich die Mitra auf's Haupt zu setzen, so werden sie sich zugleich an Händen und Füßen gefesselt fühlen. Ohnehin werden aber diese Pfarrer stets unendlich kleine Wesen bleiben, und daher ganz und gar unfähig, uns in unserem religiösen Glauben zu belästigen. Und wenn ihr die Klugheit habt, sie nur auf eine prekäre (unsichere), ganz von euch abhängige Existenz anzuweisen, so könnt ihr versichert sein, daß die Zunge vorsichtiger sein wird, wenn der Mund fürchtet, auf Fastenkost gesetzt zu werden.

Ihr sehet, geehrte Herren Philosophen, welchen Vortheil ihr aus unseren Maximen ziehen werdet. Zielen sie doch auf nichts Geringeres, als uns der kirchlichen Hierarchie ganz und gar zu entledigen. Zwar werdet ihr, wenn auch die ganze kirchliche Hierarchie bei Seite geschafft ist, doch noch eine Kirche haben, die eine geoffenbarte Religion voraussetzt, wie die von Luther und von Calvin; seid aber überzeugt, im Grunde ihres Herzens sind die Calvinisten und Lutheraner eurer Philosophie zugethan. Eure besten Freunde sind in England, in Holland, in der Schweiz, in Sachsen und in einem großen Theile Deutschlands. Der kleine Rest von äußerem religiösen Kultus, den sie noch bewahrt haben, verdankt seinen Fortbestand nur ihrer staatsklugen Berechnung, nur ihrer großen Liebe für den häuslichen und öffentlichen Frieden. Das stärkste und furchtbarste Hinderniß, das ihr zu besiegen hattet, war die römisch-katholische Kirche, die gegen alle anderen religiösen Ueberzeugungen stets intolerant, die stets fest ist in ihren Principien und in ihren Entscheidungen stets unerbittlich. Von dem Augenblicke, wo ihr durch die Handhabung unserer theologischen Grundsätze und durch die Zuhülfenahme der menschlichen Leidenschaften sie dahin gebracht habt, daß sie sich mit den calvinistischen und lutherischen Gemeinschaften vereinigt, habt ihr der Hauptsache nach das Spiel schon gewonnen und ihr könnet ruhig die Früchte eures Sieges genießen.

Die Philosophen vernahmen mit großer Befriedigung die Entwickelung eines mit so viel Schlauheit entworfenen theologischen Planes. Sie wunderten sich, daß sie die gesunde neue Theologie so lange hätten als ihre Gegnerin ansehen können; doch hegten sie wegen des Erfolges immer noch einige Besorgniß.

Die katholische Religion, sagten sie, fordert von ihren Anhängern eine blinde Unterwerfung des Verstandes und hinsichtlich gewisser Glaubensartikel wird selbst ein leiser Zweifel als Sünde angesehen. Aeußerungen abweichender Privatmeinungen in Dingen, die den Glauben betreffen, ziehen sogar das Anathem nach sich. Wie sollen wir's also anfangen, daß wir uns zu Herren dieser Festung machen, die uns ja nicht einmal eine entfernte Annäherung gestattet? Ohnehin gibt es in dieser Religion viele durch ihren Eifer und ihre Charakterfestigkeit ausgezeichnete Männer, besonders viele Bischöfe, welche die Völker zu ihren Vorurtheilen und in die alte Finsterniß zurückziehen und welche immer wieder bald in der Kirche, bald auf den öffentlichen Plätzen und Straßen, ja sogar am Fuße des fürstlichen Thrones ihr übliches, strenges, oppositionelles *Non licet* (es ist nicht erlaubt) wiedertönen lassen. Dadurch aufgeregt, könnten die Völker in Europa jene so traurigen Scenen des sechszehnten Jahrhunderts erneuern, Scenen, die unsere Philosophie, die Freundin des Friedens und die abgesagte Feindin aller blutigen Fehden, durchaus haßt und verabscheut.

Die Theologen ließen sich durch diese Worte nicht außer Fassung bringen, sondern nahmen sie mit dem ihnen eigenen süßen und perfiden Lächeln auf. Claudius, ein anderer Theologe, ergriff hier statt Julius das Wort. Die Schwierigkeit, entgegnete er, welche ihr guten Philosophen hier eben aufgeworfen, haben wir ebenfalls wohl erwogen, wir können euch aber die Versicherung geben, daß wir auch wegen ihrer schon längst Vorsorge getroffen, und daß wir in unserer Klugheit und Gewandtheit die Mittel besitzen, diese

Schwierigkeit vollständig zu beseitigen. Wir bitten die Herren Philosophen, uns nur noch für einen Augenblick Gehör zu schenken; wir hoffen, es soll euch dann so klar werden, wie die Sonne, daß es in der Welt keine Schwierigkeiten giebt, über die ein geschickter Theologe, wenn die Philosophie ihm Beistand leistet, nicht glänzend triumphirte.

Durchaus müssen wir, geehrte Herren, an dem schon vorhin von uns aufgestellten großen Princip festhalten, daß man an der Reform der katholischen Kirche arbeiten müsse, nicht indem man sich den Anschein gibt, sie zu zerstören, sondern indem man es vielmehr laut ausspricht, daß man sie nur reinigen und verschönern wolle. In dieser Absicht eignen wir uns, gleich den eifrigsten Katholiken, Alles an, was es nur in der Religion Schönes und Heiliges gibt, und schmücken es mit so lebhaften und zarten Farben von Eifer, von gesunder Lehre, von reiner Theologie aus, daß das Volk, die Halbgebildeten und selbst die Gebildeten ganz davon entzückt sein sollen. Die Principien, die wir dann aufstellen, werden gleich beim ersten Blick so lichthell und heilig erscheinen, daß wir damit selbst die Vorsichtigsten in's Netz ziehen werden. Nachdem wir zur Zerstörung der kirchlichen Hierarchie die schmeichelhaftesten Lehren und die feinsten, geheimen menschlichen Leidenschaften nach Belieben haben spielen lassen, bedienen wir uns selbst der Tugenden der Menschen, um die gegenwärtige kirchliche Disciplin zu erschüttern. Es ist dies ein sehr feines Manöver, und wenn wir es euch im Detail entwickeln, so seid ihr scharfsinnig genug, um mit einem einzigen Blick den ganzen Umfang und die ganze Bedeutung desselben zu übersehen.

Wir erklären von vornherein, daß es unsere Absicht sei, die Sitten und Gewohnheiten des ehrwürdigen christlichen

Alterthums in die gegenwärtige Kirche wieder zurückzuführen: ein Princip, von dem gewiß die gebildeten und die eifrigen Christen sofort entzückt sein werden. Denn wer weiß nicht, daß, wenn man an die Quelle geht, man daselbst das reinste Wasser findet! Einem so gerechten Princip, welches die Kirche selbst achtet, billigt und bei vielen Gelegenheiten befolgt, werden die frommen Christen gewiß ihren Beifall nicht versagen. Haben wir diesem Princip erst Eingang verschafft, so gehen wir dazu über, mit den schwärzesten Farben die Kirche zu malen, die einst so schön, nun so entstellt und verfallen sei; wir bezeichnen die eingeführten Mißbräuche im Einzelnen, die gottlosen Verkehrtheiten, die Entweihungen des Heiligen; wir beweinen dann mit der Stimme eines Jeremias die Verwüstung des Tempels und der heiligen Stadt. Wir beziehen uns auf jene Stellen, wo die heilige Schrift solches Unglück voraussagt; denn die heilige Schrift sagt Alles, was man bei ihrer geschickten Handhabung sie sagen lassen will. Wir versichern hoch und heilig, daß diese Mißbräuche ihre Entstehung nur der gegenwärtigen kirchlichen Disciplin verdanken. Statt das wahre innere Heilmittel in der Abtödtung der Leidenschaften zu suchen, finden wir es in den äußeren Dingen; statt auf die Mittel hinzuweisen, um das menschliche Herz zu reformiren, richten wir unsere Sorge und unsern Eifer auf die Unterdrückung der altehrwürdigen Kirchengesetze, der frommen Gewohnheiten und Andachtsübungen, die wir als eben so viele dem wahren Geiste der Religion entgegengesetzte Formen des Aberglaubens darstellen werden. Unter diesem zweideutigen Ausdrucke Aberglauben werden wir die Grundsätze, die wir einführen wollen, leichter verbergen. Wir toleriren alle möglichen Unordnungen mit Ausnahme des Aberglaubens, den

wir als die unverzeihliche Sünde gegen den heiligen Geist
hinstellen. Wir untersuchen dann mit aller Sorgfalt und
Strenge, in wie weit sich auch in die gegenwärtige kirchliche
Disciplin dieser Haupt- und Grundfehler eingeschlichen. Das
Volk wird alle unsere Behauptungen, von deren Falschheit
es sich nicht überzeugen kann, mit Begierde aufnehmen und
verschlingen. Man verdächtigt dann bald die eine, bald die
andere religiöse Uebung, und unterdrückt diejenigen, die man
verdächtigt hat, um die Religion zu reinigen. Heute gibt
man den Abläſſen den Abschied, morgen den Fürbitten für
die Verstorbenen; den einen Tag reformirt man die Ideen
über das Fegefeuer, den andern Tag beseitigt man die privilegirten Altäre; über die Novenen, die Tribuen, den
Rosenkranz, die Seitenaltäre, die brennenden Wachskerzen,
über alles macht man sich her, wie es gerade die Umstände
mit sich bringen. So gewöhnt sich allmählig das Volk
daran, sich dieser mühsamen religiösen Uebungen zu entledigen, es fängt an, das Glück seiner Freiheit zu schmecken,
zumal wenn ihr, geehrte Herren, ein wenig Sorge tragt, es
mit Promenaden, mit weltlichen Festen, Bällen und Schau-
spielen zu unterhalten und zu vergnügen. Die Halbgebildeten werden zu Gunsten dieser Neuerung sich sofort erklären, sie hoffen, dadurch den Ruf aufgeklärter, vorurtheils-
freier Männer zu erlangen, sie sehen die Theologie als eine
Modesache an. Die gebildeten und eifrigen Christen aber
werden, hingerissen von der entzückenden immer wiederholten
Idee des ehrwürdigen christlichen Alterthums, wonach sie
schon immer so sehnsüchtig zurückgeblickt, ohne Klagen und
Murren die gegenwärtige Disciplin zu Grunde gehen laſſen,
ja sie werden sogar zu ihrer Zerstörung hülfreiche Hand

bieten, beständig hingehalten, wie sie sind, von der Hoffnung einer bessern Zukunft, die sie mit Ungeduld erwarten, jener schöneren Zeit, wo man die theure Braut Jesu Christi von allen ihren Makeln gereinigt und zu ihrem ursprünglichen Glanze zurückgeführt sehen wird.

Fraget uns hier nicht, welche Disciplin wir an die Stelle der gegenwärtigen setzen wollen, ob die des ersten, des zweiten oder des dritten Jahrhunderts der Kirche? Für irgend eine bestimmte Disciplin würden wir uns um keinen Preis entscheiden. Wir wollen hierin vielmehr ganz freie Hand behalten, damit wir nach Umständen unsere Lehren ändern können. Wir äußern uns daher immer nur unbestimmt und allgemein, so wie es uns geeignet scheint, die gegenwärtige Disciplin zu vernichten; an ihre Stelle werden wir dann später diejenige treten lassen, die zu dem allgemeinen Plane, den wir uns gebildet haben, am meisten passen wird. Schließlich wird freilich das ganze Spiel einmal aufgedeckt werden; wenn aber erst das Volk an der Freiheit, die ihm wiedergeschenkt worden, so viel Geschmack gewonnen hat, daß es sich nicht leicht wieder unter das alte Joch beugen wird, wenn erst die Halbgebildeten dem Indifferentismus, der bei dieser Klasse von Menschen überhaupt leicht Eingang findet, sich vollständig ergeben haben werden, wenn erst die Gebildeten und Eifrigen, statt angekommen zu sein bei den Thoren Jerusalems, um hier, wie sie hoffen, die glücklichen Tage der ersten Kirche wieder zu beginnen, vielmehr sich wie durch ein Labyrinth an die Thore von Genf versetzt sehen werden, um hier das Andenken Calvin's und die Reliquien von Theodor von Beza zu verehren: dann mag das versteckte Spiel, das wir gespielt, immerhin aufgedeckt werden; man mag dann rufen und schreien, so laut als man will: Täuschung! Betrug! Verrath! es wird dann zu spät sein, die Stimme der Rufenden wird zu schwach sein, um sich vernehmlich zu machen, sie werden sich stumm und verzweifelnd in's Unvermeidliche schicken müssen.

Viertes Kapitel.

Diese Vorschläge der Theologen waren den Philosophen so recht Wasser auf die Mühle; sie applaudirten, so laut sie nur konnten, während dieser laute Beifall den Theologen Claudius zugleich auf's Neue anfeuerte, im Namen seiner theologischen Freunde in der detaillirten Entwickelung ihres Reformprojekts ruhig fortzufahren.

Bei den bis jetzt in Vorschlag gebrachten Dingen, fuhr er fort, lassen wir es noch nicht bewenden. Noch ein anderes Mittel haben wir erdacht, um die durch Frömmigkeit und Wissenschaft hervorragenden Männer in unser theologisches Netz zu ziehen. Wir ahmen jenen kundigen Steuermännern nach, die, wenn sie conträren Wind haben, durch ein geschicktes Manöver ihre Segel dergestalt zu dirigiren wissen, daß sich das Schiff nach der entgegengesetzten Seite bewegt. Wir stellen uns dar als eifrige Verbesserer der erschlafften Moral, die sich in den letzten Zeiten in die Kirche eingeschlichen hat. Wir werden in unserer Sprache genau diejenige der gottbegeisterten Propheten nachahmen. Wir werden Alles mit unserem Flammeneifer entzünden. Durch einen Strom von Thränen werden wir unsern tiefen Schmerz über die verkehrte Theologie ausdrücken, die jetzt in der Kirche die Herrschaft an sich gerissen hat. Wir beschwören die

Frömmigkeit, die Gewissenhaftigkeit, den Glauben der Bischöfe und der Priester, daß sie sich wie eine feste Mauer dem Eindringen der leichten und laxen Lehre entgegenstellen, womit die elenden und verabscheuenswerthen Jesuiten die Kirche überschwemmen; wir regen mit aller Macht ihren Eifer auf, daß sie doch Einhalt gebieten den verderblichen Umtrieben jener falschen Lehrer, die so viele durch das kostbare Blut Jesu Christi erkaufte unsterbliche Seelen auf den Weg des Verderbens führen.

Dieser so laute Hülferuf wird Eindruck machen, die Bischöfe, die Priester, die Prälaten, die Ordensmänner werden herbeieilen und sich mit uns verbünden. Alle, welche von Liebe zu den unsterblichen Seelen brennen, auch Alle, welche den Jesuiten im Geheimen gram sind und ihre Demüthigung wünschen, werden uns gern Glauben schenken und unsere Partei als die Partei der Wahrheit ergreifen und verstärken. Haben wir aber für ein so interessantes Projekt sie genug eingenommen, so lassen wir von Zeit zu Zeit mitten in unsern Deklamationen einen jener Klagetöne fallen, so süß, wie die Klagetöne der Taube. „Wie unerträglich," klagen wir, „wie unerträglich ist diese Erschlaffung, dieses Verderbniß der religiösen und sittlichen Lehren, die in der Kirche alles umkehren; und die römische Kirche schweigt dazu! Nichts rührt sie mehr. Ach, sie läßt alle Hauptlehren in Dingen des Glaubens und der Sitten angreifen und sie sagt gegen die perfiden Angreifer auch nicht ein Wort. Alle Guten seufzen über die Gräuel der Verwüstung an heiliger Stätte, aber Rom läßt sich nur von politischen Rücksichten leiten und schweigt, Rom begünstigt den Irrthum und will doch die Lehrerin der Wahrheit sein." Freilich würden diese und ähnliche Klagen und Anklagen zu jeder andern Zeit alle frommen und

eifrigen Katholiken, die wahrhaft ehrlich und gläubig sind,
sogleich in Harnisch bringen: haben wir sie aber erst einmal
in unser Netz gezogen und ihre Phantasie durch die Vor=
spiegelungen der schrecklichen Erschlaffung und Verderbniß
der (Jesuiten=) Moral in Verwirrung gebracht und erhitzt:
so kommen ihnen solche Anklagen nicht mehr als etwas Un=
geheuerliches vor, ihr religiöser Eifer nimmt sie zuerst ohne
Furcht und dann sogar mit einem gewissen Wohlgefallen
auf; und indeß wir das Feuer bei ihnen immer mehr schü=
ren, billigen sie endlich diese Klagen als gerecht und noth=
wendig. Sie fühlen jetzt gegen Rom, d. h. in unserer Sprache
gegen den apostolischen Stuhl, eine gewisse Kälte, ein ge=
wisses geheimes Widerstreben, das sie um so weniger be=
kämpfen, als es ihnen durch den Schein des religiösen Ei=
fers gerechtfertigt erscheint. Und die Folge davon wird sein,
daß eine Menge Bischöfe und Priester aus lauter Eifer und
Frömmigkeit gegen den Stuhl Petri rebellisch werden. Diese
Mißstimmung gegen Rom wird aber auch noch eine andere
Wirkung haben; sie wird vor allem vielfach dahin drängen,
die Katechismen zu vermehren. Jeder wird seinen besondern
Katechismus haben wollen, damit er nicht genöthigt sei, den
römischen zu gebrauchen, der allerdings früher allen Bi=
schöfen der katholischen Kirche genügt hat. Die Mannich=
faltigkeit der Katechismen bringt aber unter solchen Umstän=
den unserer Sache große Vortheile. Jeder will seine eigene
Theologie haben; es werden immer neue theologische Fragen
aufgeworfen, es soll dadurch die Theologie gereinigt werden,
in der That aber wird dadurch in der Theologie nicht eine
Läuterung, sondern nur Verwirrung erzeugt. Und wenn die
theologischen Meinungen nun so recht wirr durch= und gegen=
einander gehen, dann kommen wir, wir mit unseren

Katechismen, die wir nach unserem theologisch-philosophischen Plane fabricirt.

Sind nun durch den schönen äußeren Schein des Eifers (eine Tugend, die sich um so leichter ausüben läßt, als sie von Zorn, Stolz und Eigensinn oft schwer zu unterscheiden ist) Bischöfe und Priester gehörig entzündet: so treten wir mit unseren strengen sittlichen Grundsätzen an sie heran. Freilich sind sie nicht immer die wahrsten (es gibt unter ihnen falsche und irrige genug); aber das einmal herrschend gewordene große Princip, daß die Religion verfälscht, daß die Quellen der Moral getrübt und vergiftet seien, dieses einmal zur Geltung gebrachte Princip gestattet nicht, daß man in Ruhe und mit reifer Ueberlegung die wahren Lehren von den falschen unterscheide: sondern alle sind wahr, wenn sie nur streng sind.

So steigern wir den Begriff der Liebe Gottes bis auf einen Grad der Reinheit und Erhabenheit, daß jeder Mensch die Hoffnung aufgeben soll, sich jemals zu ihr emporzuschwingen. Die heilige Furcht Gottes und seiner Strafgerichte, die sonst den Menschen wohl sehr heilsam, verwerfen wir als eine rein knechtliche, und sagen, daß sie eine Schlinge für die Seelen, ein Hinderniß des Heiles sei. Der Sündenschmerz, die Buße, die geistige Zerknirschung, alles dieses schrauben wir auf einen so hohen Punkt hinauf, daß man, aus Furcht, das Sacrament der Buße zu entheiligen, sich von demselben fern halten wird. Auch in Bezug auf die nothwendigen Erfordernisse zum Empfange des Sacraments der Eucharistie stellen wir unsere Forderungen so hoch, daß Jeder schon aus Demuth sich Jahre lang davon fern halten wird. Die Richterstühle der Buße werden von so strengen, durch kein Wort gemilderten Sentenzen widerhallen, daß den Büßern kein Strahl von Hoffnung auf Erlangung der Vergebung ihrer Sünden mehr übrig bleibt.

Ein Jüngling, der einmal in eine schwere Sünde gefallen, kann auch nach der vollständigsten Bekehrung zum Priesterthume, dessen er sich unwürdig gemacht, niemals zugelassen werden. So werden die Priester eben so selten, als selten in der Welt die Taufunschuld ist. Der Priester, der einmal eine Todsünde begangen (und wer begeht wohl keine Todsünde, wenn wir die Moral zuschneiden?), muß für immer den heiligen Dienst aufgeben, um sich nicht vor Gott noch mehr schuldig zu machen; von den übrigen Priestern werden auch noch viele sein, die im Geiste der Buße es für gerathener halten, die heilige Messe nicht mehr zu lesen oder ihr Pfarramt aufzugeben.

Die Absolution der schweren Sünden wird, damit man sich erst überzeuge, ob in den Büßern die Liebe Gottes zur Herrschaft gelangt, bis zur Todesgefahr verschoben. Folglich werden die Christen während ihres Lebenslaufes nicht mehr so viel durch ihre langweiligen Beichten die Pfarrer belästigen.

Mittelst dieser Principien wird man alle Katholiken allmählig zur absoluten Verzweiflung bringen, ihr Gewissen schläfert sich ein und sie verharren in dem unglücklichen Zustande, worein die Leidenschaft sie einmal gestürzt hat. Der Mensch erträgt wohl gern eine Last, so lange sie seinen Kräften entsprechend ist. Macht man ihm aber die Last zu schwer, so tritt bei ihm an die Stelle der Geduld die Verzweiflung, er wirft die zu große Last und mit ihr auch die seinen Kräften früher entsprechende Last gewaltsam ab und schlürft nun mit vollen Zügen die Freiheit. So, geehrte Herren, erzielen wir eben durch unsern Eifer einen Erfolg, wie wir ihn von dem vollständigsten Laxismus nicht hätten erwarten können. Hätten wir etwa geradezu erklärt: man dürfe sich fast nie den heiligen Sacramenten der Buße und des Altars nahen, man müsse, wenn man die Erfolglosigkeit seiner sittlichen Anstrengungen wahrnähme, diese zurückführen auf die geheimnißvollen Rathschlüsse der göttlichen Vorherbestimmung, welche von Ewigkeit her die Einen zu Gefäßen der Schmach und die Anderen zu Gefäßen der Ehre zum Voraus bestimmt hat, so würde man in einer solchen Sprache gleich die Sprache Calvin's wiedererkennen; aber unter der Maske des reinsten religiösen Eifers, der Liebe Gottes, der wahren Reue und Zerknirschung, da werden so heilige Dinge von den Frömmsten und für die Religion am meisten Begeisterten mit großer Begierde ergriffen; und wagt es etwa Jemand, den Betrug aufzudecken, so rücken wir ihm zu Leibe und die Guten klatschen uns Beifall. „O, der laxe Jesuit," schreien wir, so laut wir können, „o dieser Verderber der gesunden Moral; o dieser Veruchte, der da auf das evangelische Ackerfeld Unkraut aussäet!"

Was die Führer unserer Partei betrifft, so ist es nicht nothwendig, daß ihr Leben der Strenge unserer Moral entsprechend sei. Pelagius rächte sich an Hieronymus, der ihn widerlegt hatte, dadurch, daß er dessen Kloster zu Bethlehem in Brand steckte. Pelagius verlor aber deßhalb mit nichten den Ruf seiner Heiligkeit, da er nach wie vor fortlehrte, daß man seine Feinde so lieben müsse, wie seine nächsten Verwandten. Die speculative Moral ist sehr verschieden von der praktischen. Schlecht leben, das allein schadet nicht, wenn man nur eine strenge Moral lehrt. In der That, geehrte Herren, ist die Zahl Derjenigen, die wir in dieser Hinsicht an der Nase herumführen, nicht gering. Wie manchen

Pfarrer von der alten Schule haben wir deßhalb bei uns bitterlich klagen hören, daß sie in demselben Maße, wie die strenge Moral in Aufnahme gekommen, den Empfang der Sakramente in ihren Pfarreien seltener, aber die Unordnung der Sitten bei Klerus und Volk hätten größer werden sehen. Sie fügten dann die Versicherung bei: die Sache wäre für sie ein unbegreifliches Geheimniß. O, diese Guten! Wir lachen über ihre Gutmüthigkeit oder vielmehr über ihre Dummheit. Wenn für sie die Sache ein Geheimniß ist: für uns ist sie kein Geheimniß, und wir rühmen uns dieser Thatsache als eines Beweises, wie wohl berechnet und zweckmäßig unser Verfahren sei. Während wir mit einem so feurigen Eifer die Sache der gesunden Moral vertreten, lassen wir von Zeit zu Zeit wie im Vorübergehen leise Andeutungen fallen, welche den Gläubigen Zweifel an dem göttlichen Gebote der Ohrenbeichte einflößen. So neulich noch der gelehrte Theologe Cybel; nur daß dieser sich hier etwas zu weit vorgewagt, so daß unsere Theologen mit ihren feinen und scharfsinnigen Erklärungen nachhelfen mußten, um den Sturm, den er durch seine anstößigen Aeußerungen erregt hatte, schnell wieder zu beschwichtigen.

Freilich sind wir bis jetzt ebenfalls noch nicht so weit gegangen, daß wir die wirkliche Gegenwart Christi in dem Sakramente der Eucharistie angegriffen hätten. Aber unser großer Theologe Arnauld hat durch seine Schrift „von der häufigen Communion" den Gebrauch dieses Sakraments so gut, wie unterdrückt. Man muß nicht zu viel Holz auf's Feuer werfen, um keinen Feuerbrand zu verursachen. Es ist nicht immer klug, eine Festung offen anzugreifen. Die Belagerten verdoppeln dann ihre Anstrengungen, um sie zu vertheidigen, und man läuft Gefahr, die Blüthe der Armee zu opfern. Oft ist es vortheilhafter, sie einzuschließen und für eine längere Zeit zu belagern. Haben die Bewohner derselben ihre Vorräthe verzehrt, oder ist ihnen ihre lange Unthätigkeit unerträglich geworden, so werden sie sich schon von selbst ergeben. Mittelst gewundener Worte kann man die Messe so verarbeiten, daß sie sich von der Abendmahlsfeier der Calvinisten nicht wesentlich unterscheidet.

Indem wir so wechselsweise bald die strenge Moral, bald die milde Glaubenslehre als Hebel ansetzen, dürfen wir uns der Hoffnung hingeben, daß wir die Katholiken bald zu einem praktischen Calvinismus führen werden. Von der Praxis ist dann der Uebergang zur Theorie sehr leicht!

Fünftes Kapitel.

Ihren eigentlichen Triumph aber, fuhr der Theologe Klaudius fort, wird unsere Lehre dann feiern, wenn wir die Katholiken überredet haben werden, daß sie durch den Fall Adams den freien Willen verloren haben und daher zu ihrer Rettung einer Gnade bedürfen, die sie zum Guten nöthigt. Ihr wißt, daß Luther und Calvin, wenn auch nicht die ersten, doch die entschiedensten Vertheidiger dieses so nützlichen und heiligen Dogma waren. Aber wenn auch diese großen Männer die Wahrheit zu entdecken gewußt, so haben sie doch nicht die wahren Mittel erkannt, ihr in den Geist und das Herz der Katholiken Eingang zu verschaffen. Sie haben die nöthigende Gnade und die positive Verwerfung der Nicht-Vorherbestimmten ohne weiteres zu einem Dogma erhoben und es in unzweideutigen sonnenklaren Worten ausgesprochen. Ihr Fehler war eine zu weit getriebene übelangebrachte Ehrlichkeit, durch die sie sich in den Augen der ganzen Kirche den Schandfleck der Häresie und die Anathemen des Concils von Trient zugezogen. Uns, die ihnen nachfolgenden Theologen, hat inzwischen die große Lehrmeisterin Erfahrung gewitzigt. Wir haben eine künstlich ausgedachte Maschine erfunden, deren Räder und geheime Springfedern so eingerichtet sind, daß die **nöthigende Gnade** das Haupttriebrad ist, daß man aber von außen

nur die nothwendige unverdiente Gnade sieht, die das
Dogma der Katholiken ist. Dieses Kunststück war noth=
wendig, um ein katholisches Dogma in Dienst zu nehmen
zur gänzlichen Zerstörung jener strengen Moral, die wir ja
doch nur zur Täuschung der Geistlichkeit eingeführt, um uns
so immer mehr und ungehindert unserem eigentlichen Ziele
zu nähern, der Untergrabung der Festungswälle der Kirche.
Denn beachtet es wohl, geehrte Herren Philosophen, die
nöthigende Gnade ist ein wunderbares Heilmittel zur Be=
schwichtigung aller Gewissensbisse, die nöthigende Gnade ist
ein unfehlbares Arcanum, um uns gegen alles, was die
geoffenbarte Religion betrifft, ganz und gar gleichgültig zu
machen, die nöthigende Gnade ist ein sehr wirksames Opium,
welches die Kräfte der Seele in Bezug auf die übernatür=
lichen Thätigkeiten betäubt, und welches diese nämlichen Kräfte
in Bezug auf die natürlichen Thätigkeiten aufregt. Denn
wie beschränkten Geistes ein Mensch auch immer sein mag,
so wird er doch aus jener Lehre von der nöthigenden
Gnade alsbald die Folgerung ziehen: entweder Gott gibt
mir die zum Guten nöthigende Gnade, und dann werde ich
nothwendig und mit voller Lust das Gute thun, oder Gott
versagt sie mir, und dann ist alle meine Anstrengung vergebens
und ich werde nothwendig das Böse thun. Niemand kommt
an dieser nothwendigen Folgerung vorbei und Jedermann
wird sie sich zu Nutze zu machen wissen. Dorinthus z. B.
sagt zur Camilla: wir sind genöthigt, einander zu lieben.
Was sollen wir also thun? Die Grade unserer sinnlichen
Begierlichkeit werden über die empfangene Gnade doch den
Sieg davon tragen und wir sind also genöthigt, den physischen
Gesetzen dieser gegenseitigen sinnlichen Anziehung zu folgen;
wir folgen ihnen mit Lust, aber wir folgen ihnen noth=

wendig. Steigert dann in der Folge die triumphirende Gnade die Grade der himmlischen Ergötzlichkeit, so werden wir beide ebenso nothwendig und mit ebenso viel Lust dem Zuge der Gnade folgen; ich gehe dann nach Nord und du nach Süd oder West. Bis uns aber diese nach oben ziehende Gnade zu Theil wird, muß Dorinthus der Camilla, und Camilla dem Dorinthus gehören. Und wenn dann etwa Camilla, durch ihren Beichtvater beunruhigt, den Dorinthus angeht, daß er doch um jene von der sinnlichen Liebe ab- und himmelwärts ziehende Gnade zu Gott flehentlich bitten und seufzen möge: „Ach," erwiedert dann Dorinthus mit aller Bescheidenheit, „dieses flehentliche Gebet selbst ist ein Gnadengeschenk, das Gott dem einen gibt und dem andern versagt. In dem Zustande, worin wir uns befinden, ist unsere Zunge nicht gelös't zu beten, wir müssen im Schooße unserer sinnlichen Liebe ruhen und in den tiefen und undurchdringlichen Geheimnissen der Vorherbestimmung [1]." Sehet, geehrte Herren, worauf die Lehre von der nöthigenden Gnade hinausläuft. Sie läuft darauf hinaus, die ganze strenge Moral, die wir gepredigt und womit wir uns wie mit einem Mantel bedeckt, um unerkannt das Fundament der Religion zu untergraben, in Rauch aufgehen zu lassen.

Ihr sehet, geehrte Herren Philosophen, unter dem Schleier und mit Hilfe eines Dogma des katholischen Glaubens führen wir den von euch so geliebten Fatalismus ein, und was euere Philosophie mit allen ihren Speculationen nicht zu Stande gebracht, das gelingt uns mit Hilfe unseres frommen und gelehrten Jansenius und die kunstreich ausgedachte

---

[1] Janse. t. 3. lib. 2. c. 5: Est quaedam voluntatis infirmitas, quae non potest certas tentationes superare nec adest gratia, qua superentur, nec spiritus orationis, quo vires impetrentur.

große Maschine rollt schon mit bestem Erfolge nach dem oben angezeigten Ziele hin. Das Wie sollt ihr gleich hören.

Wir haben uns in aller Stille nach Genf geschlichen, um uns den dort eingeschlossenen Calvinismus zu holen. Dieses religiöse System war zur Ausführung unseres theologisch-philosophischen Planes das geeignetste. Da aber dieses System von den Anathemen der Kirche getroffen war, so bestand die Hauptschwierigkeit darin, es so auszuschmücken und aufzuputzen, daß es vor der Welt in einer ganz andern Gestalt erschiene. Wir haben daher darauf gedacht, dasselbe eine besondere Metamorphose durchmachen zu lassen. Wir ließen es nämlich als das leibhafte System des großen heil. Augustinus erscheinen; dessen ehrwürdige Mitra setzten wir dem Systeme auf's Haupt, dessen Bischofsstab gaben wir ihm in die Hand, dessen Worte legten wir ihm in den Mund, indem wir jedoch stets wohlweislich Sorge trugen, daß dieselben Worte einen andern Sinn erhielten. In diesem ehrwürdigen Aufzuge und inmitten der lauten Beifallsbezeugungen des Consistoriums von Genf haben wir dann dieses System Calvins aus dieser Stadt, wohin es sich vor den Bannflüchen des Concils von Trient hatte flüchten müssen, glücklich wieder herausgeführt. Wir alle umringten und verherrlichten seinen Zug, wir nannten uns vorzugsweise und mit Ausschließung aller andern die wahren und treuen Schüler des heil. Augustinus, wir posaunten in die Welt aus, daß die ganze Kirche dessen Lehre über die Gnade approbirt und mit der uns eigenen Gewandtheit übertrugen wir die authentische Approbation der Lehre des Augustinus auf unsere eigenthümliche Auslegung dieser Lehre, ohne daß man von dem Betruge auch nur das Mindeste

merken konnte. In diesem Aufputze hat nun unser heil.
Augustinus bereits seine Reise in die Welt angetreten und
er hat schon überall glänzende Zeugnisse der Verehrung in
Empfang genommen. Man erkennt in unserm Systeme die
ganze Physiognomie des heil. Vaters Augustinus wieder
und man wirft sich um die Wette vor ihm nieder, um den
Saum seines Gewandes zu küssen. Dieser Betrug hätte
aber nicht die erzielte Wirkung gehabt, hätten wir nicht zu=
gleich auf ein Objekt hingedeutet, das den durch unsern
unterschobenen Augustinus verbreiteten Grundsätzen einen
besondern Reiz verliehen hätte. Nach unserer Gewohnheit,
die menschlichen Leidenschaften, ja sogar die menschlichen
Tugenden selbst unseren Zwecken dienstbar zu machen, ver=
kündigten wir der Welt, der alte Augustinus sei wieder
auferweckt, bloß und allein um den neuen Pelagianismus
der Molinisten oder der Jesuiten zu Boden zu schlagen[1]).
Nun bot sich uns das schönste Schauspiel dar, das jemals
die Welt entzückt hat. Die Jesuiten sah man den Vorur=
theilen, dem Abscheu, dem Hasse, der Wuth fast aller Classen
der Gesellschaft, der Geistlichen wie der Laien preisgegeben. Wir
beziehen uns hier nicht auf die Motive, die euer d'Alembert hie=
für sehr passend beigebracht hat. Thatsache ist, daß wir unter
Benützung des glücklichen Umstandes, den der allgemeine Ab=
scheu gegen die Jesuiten uns darbot, unsern travestirten Au=
gustinus in die Universitäten, und in die Schulen, in die religiö=
sen Orden, in die Studiensäle der Theologen, als den ebenso un=
versöhnlichen als unbesieglichen Feind des molinistischen Pela=
gianismus einführten. Und die Folge davon war, daß alle die=

---

[1]) Die Molinisten (Jesuiten), die unversöhnlichen Gegner der
Jansenisten, wurden von diesen, wie Bossuet nachgewiesen, ganz mit
Unrecht des Semipelagianismus beschuldigt.

jenigen (und deren Zahl war nicht gering), die gegen die Jesuiten oder Molinisten noch eine alte Antipathie bei sich nährten, nicht säumig waren, sich dem Gefolge unsers Augustinus von Ypern[1]) anzuschließen. Wir sahen durch Bildung und Stand ausgezeichnete Persönlichkeiten sich in unsere Werbelisten einschreiben und unter unserer Fahne kämpfen. Sie legten unsere Uniform an, trugen unsere Waffen, sie rühmten sich unserer Kampfgenossenschaft. Unter anderen Verhältnissen hätten sie sich die Sprache und die Gestalt unsers Augustinus wahrscheinlich erst näher angesehen; aber in diesem Gelärm tobender Leidenschaften nahmen sie ihn sogleich mit der größten Freude auf, sie vereinigten sich mit uns gegen die Jesuiten, und in der Meinung, dadurch dem von ihnen aus Eifersucht verabscheuten Pelagianismus einen tödtlichen Streich versetzen zu können, hoben sie, ohne es selbst zu wissen, den Calvinismus auf den Thron. Wir aber wurden, statt als Calvinisten, vielmehr als neue Stützen der Kirche, als eifrige Vertheidiger des Dogma von der Gnade angesehen. Unser Augustinus nahm als ein anderer Proteus alle Gestalten an, warf sich in alle möglichen Masken und trug Aehnlichkeits=Züge fast aller theologischen Schulen mit alleiniger Ausnahme derjenigen der Molinisten (Jesuiten) zur Schau. Der Enthusiasmus steigerte sich bis auf den Punkt, daß eine sehr große Anzahl unserer Kampfgenossen, in der Ueberzeugung, den Jesuitismus zu Grunde zu rich= ten, so gestimmt waren, daß sie eher ihren Kopf lassen, als den Augustinus von Ypern aufgeben wollten. Und die Jesuiten, von allen mit einander verbündeten Armeen ange= griffen, mußten endlich der Uebermacht erliegen.

---

1) Jansenius.

Einige Katholiken merkten zwar den Betrug, derselbe gefiel ihnen aber, und das Interesse, das sie so gut wie wir darin fanden, daß der räthselhaften Gesellschaft der Jesuiten der Garaus gemacht werde, machte, daß sie sich unserer Triumphe freuten, daher sie, statt unseren Bestrebungen Widerstand zu leisten, dieselben vielmehr durch ihre milde Nachsicht noch beförderten.

So begünstigt bahnte sich der neue Augustinus den Weg durch ganz Europa, er empfing überall die glänzendsten Beweise der Verehrung der Gläubigen; endlich hielt er belastet mit der Beute seiner Gegner seinen Einzug in Rom, und kam auch hier, wie anderwärts, anerkannt zu Ehren.

Sechstes Kapitel.

Bei diesen Worten brachen die Philosophen in ein helles Gelächter aus. „Warum lacht ihr?" rief der Theologe Klaudius. „Wir lachen," entgegneten die Philosophen, „weil man behauptet, daß sich Rom so gut auf die Unterscheidung der Physiognomien verstehe und daß, als der Augustinus von Ypern in seine Mauern einzog, er auch sogleich erkannt und als ein ganz verschiedener von dem Augustinus von Hippo erklärt und daß er gezwungen worden sei, im Vatican seine Maske abzulegen." Ja es ist dies ein Liedchen, erwiederte mit einem gewissen Nachdrucke Klaudius, das gegenwärtig vielfach gesungen wird. Wir hoffen aber, daß es bald damit aus sein wird. Glaubet es nur, Geehrte, dieser Schlag des Vatikan, der unserm Augustinus der Todesstreich zu werden drohte, hat keine andere Wirkung gehabt, als die Kräfte unserer gesunden Theologie nur noch zu verstärken, uns von der Autorität des Papstes und der Kirche für immer zu befreien, den Privatgeist, den Luther und Calvin eingeführt, nur noch glänzender triumphiren zu lassen und ihn bis ans Ende der Welt so sicherzustellen, daß er für keine Autorität mehr, selbst nicht für diejenige des Evangeliums, erreichbar sein wird. Unsere Theologie hat mächtige, wunderbare Hilfsquellen. Aus dem tödtlichen Gifte, womit man sie um's Leben bringen will, weiß sie ein Gegengift zu bereiten, das sie am Leben erhält, aber dem Angreifer den Tod gibt. Nicht, als ob wir alle kirchliche Autorität direkt und offen angegriffen hätten. O nein, das wäre, unter dem Gesichtspunkte der Politik betrachtet, der grobe Irrthum unserer Vorgänger. Jetzt muß man mit einer ganz andern Geschicklichkeit die Waffen handhaben. Als der Vatikan seine Bannstrahlen gegen unsern Augustinus geschleudert, dachten wohl Manche, nun würden wir unser Haupt beugen und uns unterwerfen. Aber der Gehorsam ist nur die Tugend schwacher Geister. Andere glaubten, wir sollten schweigen, wenigstens eine Zeit lang, und dann später den Kampf mit mehr Sicherheit wieder aufnehmen. Das wäre aber ein bloßes Palliativ-Mittel gewesen, das unserer Sache nur Schaden und Ungunst zugezogen hätte. Wieder Andere meinten, man solle ohne Säumen eine feierliche **Berufung auf das künftige allgemeine Concil** einlegen. Dieser letztere Vorschlag war in gewisser Rücksicht der beste. Da wir aber voraussahen, daß jedes Concil doch Alles, was der Papst im voraus definirt, als einen Glaubensartikel anerkennen würde, so bedurfte es der Vorsicht, um sich bei einer solchen Berufung auf das künftige Concil dagegen sicherzustellen, daß das allgemeine Concil uns die Zunge nicht binden und unsern Privatgeist nicht gefangen nehmen könne. Unter allen Umständen war es aber nothwendig, uns den Schein wahrer Katholiken zu bewahren, den entehrenden Namen Häretiker von uns fern zu halten, den Mund der Kirche stets geschlossen zu halten, damit sie uns nicht verurtheilte, endlich mit Hilfe der in der Kirche üblichen Phrasen die simplen Theologen in unsere Netze zu ziehen, und unter der Maske des Eifers immer die eifrigen Katholiken zu unseren Kampfesgenossen zu machen. Sehet, geehrte Herren, wie viele Dornen es auf unserm Wege gab, und wie viel Vorsicht nöthig war, um dadurch nicht aufgehalten zu werden. Doch unsere siegreiche Gnade wußte, Dank unserer angewandten Politik, alle Schwierigkeiten zu überwinden, sie wußte alles Gesträuch, das unsern Gang hinderte, wegzuräumen, und dem Privatgeiste, dieser unerschütterlichen Grundlage, worauf unsere Theologie wie euere Philosophie ruht und feststeht, das Feld frei zu machen. Es wird euch gewiß sehr angenehm sein, von uns zu vernehmen, welche Mittel wir zur Erreichung unsers Zieles in Bewegung gesetzt haben.

Kaum hatte nämlich der Schlag, der vom Vatikan ausging, unser Ohr berührt, so rückten wir auch gleich hervor mit der berühmten quaestio juris et facti (der Frage des Rechtes und der Thatsache), eine Frage, wovon ihr gewiß schon in etwa Kenntniß erlangt habt. Man untersuchte, ob die Kirche auch unfehlbar sei in dem Urtheil über ein menschliches Faktum; man untersuchte dies unter dem Vorwande, unsern so vollkommen reinen Glauben durch irgend welche abergläubische in den Augen des ewig wahrhaftigen Gottes so verabscheuenswerthen Meinungen nicht beflecken zu lassen. Und eben durch diesen Vorwand haben wir die fein denkenden, sophistischen Geister, an denen unser Jahrhundert so reich ist, in unser Netz gezogen. Unter der quaestio facti (der Frage des Faktum) verstanden wir, ob die Kirche unfehlbar sei in ihrem Urtheil über den Sinn der lehrhaften Aufstellungen eines Schriftstellers. Wir haben diese Frage verneint, weil Gott der Kirche eine solche Unfehlbarkeit nicht verheißen hat. Wir haben dann diese unsere Lehre auf den Augustinus von Ypern angewandt und wir haben, uns als gute Katholiken ausgebend, geltend gemacht, die Frage, ob

Jansenius in seinem Augustinus die daraus ausgezogenen Sätze, die vom Römischen Stuhle verurtheilt worden, wirklich gelehrt, sei lediglich eine quaestio facti. Aber mittelst einer Zweideutigkeit, die man nicht gemerkt, veränderten wir zugleich den status quaestionis, (den Stand der Frage), als ob es sich bei der quaestio facti darum handelte, zu wissen, ob die Kirche unfehlbar sei in ihrem Urtheile, ob Jansenius innerlich ein Häretiker sei oder nicht, denn dies allein gehört im strengsten Sinne zur quaestio facti.

Aber viele selbst sonst sehr ausgezeichnete Theologen merkten bis jetzt nicht diese von uns geschehene Veränderung des status quaestionis, und nicht wenige unter ihnen würden lieber ihr Priesterthum aufgeben, als die Achtung und das Vertrauen, das sie in unsern großen Paskal gesetzt, der diesen Punkt in seinen Provinzial-Briefen in ein so schönes Licht gesetzt hat. Mittelst dieser unserer zweideutigen Vermengung der Person des Schriftstellers und der Sätze, die er aufgestellt, sind wir eben zu der Folgerung gelangt, auf die wir es abgesehen hatten, nämlich, daß die Kirche habe irren können in ihrem Urtheil über den häretischen Charakter des Sinnes der Sätze des Jansenius, weil sie hier lediglich geurtheilt habe über ein Faktum, wofür ihr Jesus Christus seinen sie unfehlbar machenden Beistand nicht verheißen.

Diesem so äußerst glücklichen Gedanken unsers Arnauld verdanken wir die reißenden Fortschritte, die unser Augustinus von Ypern trotz aller Bannstrahlen des Vatikan von Tag zu Tag in Europa gemacht hat. Diese Bannstrahlen, obgleich gegen den Augustinus mit aller Festigkeit geschleudert, fielen immer nur zu seinen Füßen nieder, ohne ihn selbst zu treffen. Er konnte der ganzen Welt kühn und frei in's Angesicht sagen: „nicht nur hat Rom mich nicht getroffen, es kann mich auch nicht treffen, selbst wenn es wollte." Durch diese staunenswerthe und wahrhaft englische Erfindung, für deren Urheber man eine goldene Statue errichten müßte, durch dieses wahrhaft himmlische Erzeugniß unserer unfehlbaren Gnade haben wir die Zunge aller Päpste und aller Bischöfe für immer geschlossen und in Fesseln geschlagen, und wir haben uns das Recht gewahrt, dieselben Grundsätze zu lehren, wie früher, als ob sie nicht verurtheilt wären. Höchstens, daß wir die kleine Mühe auf uns nehmen, gleichzeitig zu erklären, daß der Sinn unserer Worte nicht der von der Kirche verurtheilte Sinn sei. Im Uebrigen behalten wir dieselben Principien bei, dieselbe Anwendung und dieselben Consequenzen derselben. Demnach werdet ihr, geehrte Herren Philosophen, uns auch zugestehen müssen, daß eure philosophischen Schriften ihre Sicherheit und den Schutz vor den Bannflüchen der Kirche, den sie genießen, lediglich uns zu verdanken haben. Ehemals verstießen sie diese Bannflüche in die dumpfen Kerker, aber mit Hilfe dieser so heilsamen quaestio juris et facti haben wir ihre Ketten zerbrochen und ihnen die volle Freiheit verschafft, in dem ganzen aufgeklärten vorurtheilsfreien Europa die Runde zu machen. Ihre Rechtfertigung hängt nur von uns ab. Wir sagen einfach: **die Kirche hat den Sinn meiner Worte eben nicht verstanden.** Hiermit ist Alles gesagt; und wir geben euch damit das Mittel in die Hand, mit Beibehaltung unsers katholischen Namens nicht an die göttliche Offenbarung zu glauben, und ganz und gar den Eingebungen unsers Privat-Geistes zu folgen, vor der Hand freilich noch bloß im Stillen, bis zu der großen Epoche, wo man den Privat-Geist wird öffentlich auf den Thron erheben können.

Wir bleiben hier nicht stehen; um uns dieses Kardinal-

Punktes mehr zu versichern, sind wir damit beschäftigt, dem Glauben an die **Infallibilität des Papstes in dogmatischen Dingen**, einem Glauben, dem die Unwissenheit und die Barbarei vergangener Jahrhunderte so sehr Vorschub geleistet, den Garaus zu machen. Man mußte der freilich vom christlichen Alterthum verurtheilten Ansicht Bahn zu brechen suchen, daß man katholisch sein könne, ohne sich zum Glauben des heiligen Apostolischen Stuhles zu bekennen. Um aber diesem unsern Bemühen den Erfolg zu sichern, mußten wir wieder zur List unsere Zuflucht nehmen. Wir ergriffen die Partei der **gallikanischen Kirche**, die in einer ihrer Versammlungen die Ansicht von der Fallibilität der Päpste adoptirt hat. Wir erklärten uns dann, ohne befürchten zu müssen, in den Geruch der Häresie zu kommen, als gute französische Katholiken, die sich der stockdicken Finsterniß der falschen Dekretalen glücklich entwunden und gestützt auf jene Versammlung der gallikanischen Kirche proclamirten wir die **Superiorität des Concils über den Papst**. Diese Meinung schmeichelte natürlich selbst der Autorität der Bischöfe; sie fand daher den Boden wohl vorbereitet, sie faßte Wurzel und trieb herrliche Sprossen, bis sie in dem heiligen ökumenischen Concil von Constanz zu einem förmlichen Glaubensartikel sich erhob. Wir überhäuften die gallikanische Kirche mit Lobsprüchen, wir verschwendeten an sie Beweise von Achtung und Verehrung. Unter unserm Gesichtspunkte betrachtet, erschienen alle anderen Kirchen der Welt, die Kirchen von Spanien, Italien, Flandern, Polen, Deutschland im Vergleich mit der gallikanischen nur wie Pygmäen an Wissenschaft, an Frömmigkeit und an kirchlicher Gelehrsamkeit. Durch diesen Kunstgriff, dem auch manche Bischöfe im eigenen Interesse Beifall zollten, ist es uns geglückt, uns von der unseren Vorfahren so lästigen Autorität des Papstes los zu machen und zwar ohne uns einem öffentlichen Tadel auszusetzen, indem wir vielmehr noch das Lob einer gesunden, reinen und vorurtheilsfreien theologischen Lehre einernteten. Die römischen Bannstrahlen, die uns ehemals so erschreckten, machen uns seit der Zeit nur lachen. Doch die Wahrheit zu gestehen, begegneten wir hier noch einem Anstoße. Die gallikanische Kirche behauptet mit der Fallibilität des Papstes die Infallibilität der mit dem Papste vereinigten zerstreuten Kirche (ecclesia dispersa). Und die Bullen, wodurch die Päpste Jansenius und den berühmten Quesnel condemnirt hatten, waren unglücklicher Weise vom gesammten Episkopat angenommen und publicirt worden und es konnte daher den Anschein haben, als ob uns hier nichts mehr übrig bliebe, als unser Haupt zu beugen und uns einfach zu unterwerfen. Doch für unsere Theologie ist ebenso gut, wie für euere Philosophie nur das Privat-Urtheil maßgebend. Ohne uns daher wegen des genannten Ereignisses weiter zu beunruhigen, wandten wir der ganzen gallikanischen Kirche einfach den Rücken, wir zogen den Weihrauch von dem Altare, den wir noch kurz zuvor so verehrt, zurück und da wir sahen, daß wir auch die Bischöfe der zerstreuten Kirche gegen uns hatten, appellirten wir an das künftige Concil und waren so unmerklich dazu gelangt, uns sowohl von der Autorität des Papstes, als auch von der Autorität der zerstreuten Kirche befreit zu haben. Wir bewiesen mit einleuchtenden unbesieglichen Gründen, daß die Bischöfe, wenn sie zerstreut, ebenso fallibel seien, wie der Papst, und wir bewiesen dies mit den nämlichen Gründen, womit die gallikanischen Bischöfe in ihren Versammlungen die Fallibilität des Papstes bewiesen hatten. Durch dieses unerwartete Kunststück hatten wir alle Bischöfe Frankreichs, die wir noch kurz zuvor mit unseren schmeichlerischen Lobsprüchen überhäuft, auf einmal in die Falle gezogen. Wir mußten die Waffen, womit sie uns versahen, zu benutzen, so lange sie uns vortheilhaft waren, und später kehrten wir dieselben gegen sie selbst, ohne daß sie uns hätten entwischen können. Denn, geehrte Herren Philosophen, die große Kunst besteht darin, daß man sich dasjenige, was nützlich ist, zur rechten Zeit zu Nutze macht, und daß man sich dessen, was schaden kann, zur rechten Zeit zu entledigen weiß. Wir lassen die französischen Bischöfe in ihren Instructionen und Hirtenbriefen sich heiser schreien, wir bleiben fest und ohne Furcht, nachdem wir einmal die Berufung auf das künftige Concil als katholisch berechtigt zur Geltung gebracht.

Glaubet nicht, wir hätten durch unsere Appellation an das Concil d. h. an das höchste und sicherste Tribunal der Kirche, das uns mit einem Schlage von der Gemeinschaft der Gläubigen abschneiden könnte, uns etwa unüberlegt aus dem Regen nur in die Traufe begeben: wir haben vielmehr diesen Schritt lange und sorgfältig erwogen. Derselbe zielt aber wirklich nur dahin, eine Lage zu schaffen, wo man diese Kirche, dieses Concil, das uns verurtheilen könnte, nirgends mehr soll finden können. Die Sache ist nämlich diese. Wir wollten gleich von Anfang mit dieser Appellation nur Zeit gewinnen und diese Zeit soll uns dazu dienen, unsere gesunden Grundsätze immer besser zu begründen, zu entwickeln und zu verbreiten. Dies ist schon immer viel; und inzwischen erkennt man kein sichtbares und permanentes Tribunal an, das uns mit Autorität als Häretiker erklären könnte. Wir schreiten stets erhobenen Hauptes einher, wir rühmen uns, gute Katholiken zu sein; denn wir haben zur Seite die strenge Moral und das ehrwürdige christliche Alterthum auf den Lippen.

Und wer könnte auch über unsere Lehre die Censur verhängen? Der Papst? Nein. Die vom Papste getrennten Bischöfe? Diese noch weniger.

Ferner ist die Zusammenberufung eines allgemeinen Concils noch in sehr weiter Ferne. Eine inständige Supplik an eure Philosophie gerichtet, diese Zusammenberufung zu verhindern, würde ohne Zweifel nicht zurückgewiesen werden, und unsere Lehre würde sich mittlerweile immer auf ihren Füßen halten.

Und gesetzt, dieses Concil käme wirklich bald zu Stande, so haben wir wieder so viele Laufgräben, Wälle u. dgl. vorbereitet, daß wir zweifeln, ob irgend ein Concil uns werde so nahe kommen können, um uns auch nur einen leisen Schlag zu versetzen oder einen Pfeil auf uns abzuschießen, der uns auch nur die Oberfläche der Haut ritzte.

Wir beginnen damit, theologisch die Bedingungen festzustellen, die zur Legitimität eines Concils wesentlich erforderlich sind:

Es ist dazu 1. erforderlich die vollendete Unanimität aller oder fast aller Bischöfe; aber auch diese genügt noch nicht; es ist

2. auch erforderlich die Unanimität der Pfarrer; es ist

3. auch diejenige der einfachen Priester; und es ist endlich

4. sogar die Zustimmung der Laien erforderlich.

In demselben Maße, wie man die Zahl vermehrt, vermehrt man auch die (verschiedenen) Vota und verhindert die Unanimität. Dann machen wir geltend, daß die Meinungen der ältesten und berühmtesten Kirchen das Uebergewicht über die Meinungen aller anderen Kirchen besitzen; daß die Wahrheit sich auch finden kann auf Seiten der kleineren Zahl, während die größere Zahl vielleicht den Irrthum vertheidigt, daß man bei einer Lehrentscheidung auch das innere Gewicht der Gründe im Auge haben müsse, daß man insbesondere den Werth eines jeden Mitgliedes des Concils abwägen müsse.

Sind diese Präliminar-Bedingungen eines allgemeinen Concils zur Geltung gelangt und von den Katholiken, besonders vom Clerus anerkannt: so mag man immerhin das ökumenischste und ehrwürdigste Concil versammeln. Wir werden alle seine Dekrete bald in Rauch aufgehen lassen durch folgende Fragen, die wir stellen: „Ist eine vollständige Unanimität vorhanden?" Nein, denn dies ist bei einer Versammlung von Menschen unmöglich. „Hat man auch die Pfarrer zugezogen?" Nein, denn die Bischöfe schließen sie als nicht stimmberechtigt aus. „Die Priester?" Nein, die Kirche läßt sie nicht zu. „Die Laien als Zeugen der Tradition?" Wiederum Nein; denn man behauptet, sie seien zur Theilnahme nicht berechtigt. „Ist die berühmte Kirche von Utrecht befragt worden?" Nein, man hat sie als vom Papste anathematisirt bei Seite gelassen. „Welches ist der innere Werth der Personen, die das Concil gebildet? Was für einen Werth haben die Gründe, die sie zur Motivirung ihrer Glaubens- und Disciplinar-Dekrete beigebracht"? Wie werdet ihr also, geehrte Herren, die wahre Kirche auf einem Concil finden? Gewiß, ihr werdet sie daselbst in Ewigkeit nicht finden. Und ihr sehet, nachdem wir immer allerlei schöne Worte und Redensarten im Munde geführt: Kirche, Concil, Disciplin, Moral, ursprüngliche Rechte der Bischöfe, göttliche Institution der Pfarrer, Tradition, Kirchengeschichte, heilige Schrift u. dgl.: haben wir uns von allen diesen Dingen, von heiliger Schrift, von Kirchengeschichte, von Tradition, von Pfarrern, von Bischöfen, von Päpsten, von Disciplin, von Moral, von kirchlichen Concilien u. s. w. glücklich losgemacht. Der Privat=Geist ist dann in allen Glaubensstreitigkeiten allein Richter, er allein ordnet die Religion, den Glauben, den Gottesdienst. Man sieht die reine, einfache und so liebenswürdige Kirche Calvin's zu Ehren gebracht, sie streckt liebevoll ihre mütterlichen Arme aus und nimmt mit aller Zärtlichkeit in ihrem Schooße die Philosophie auf, die sich um das Glück der Sterblichen so verdient gemacht hat. Und das war ja eben dasjenige, worauf es unsere Theologie abgesehen hatte und das die alte Theologie, weil sie zu ehrlich, zu geistlos und unpolitisch war, nicht zu erreichen vermocht. In der That, wir übertreiben nicht, wir können euch Fakta anführen, wodurch die Wahrheit unsers theologischen Systems glänzend bestätigt wird. Werfet einen Blick auf Italien; wie tief steckte dieses schöne Land einst im Aberglauben, und welch' einen tröstlichen und entzückenden Anblick gewährt es jetzt; einen Anblick, der euch den Schmerz und die Schande eurer früheren Niederlagen in diesem Lande vergessen läßt! Oder hat wohl die Ungläubigkeit, diese sichere Frucht des Privat=Geistes, jemals einen schöneren Triumph gefeiert? Sitzend auf einem majestätischen Siegeswagen hält sie in alle Städte ihren Einzug und nimmt sie in Besitz. Dieser herrliche nnd prächtige Siegeswagen ist mit edlen Rossen bespannt, die nicht Zaum und Zügel dulden, nämlich mit unserer Theologie, die nicht mehr in jenem alten, bäuerischen Anzug einherschreitet, sondern vielmehr eine eigene, sehr elegante und dem Geschmacke unseres verfeinerten Jahrhunderts angepaßte Kleidung trägt. In ihrem Siegeszuge trägt man, zur Erhöhung der Siegesfeier, zugleich die edelsten Trophäen, die reichste Beute der Feinde, aus deren Wunden noch Ströme von Blut fließen, das für immer geschlossene und zugesiegelte kirchliche Gesetzbuch. Ist nicht ein so herrlicher Triumph unser Werk, das Werk unserer Studien, unsers tiefen Nachdenkens, unsers angestrengten Bemühens? Ihr hattet noch nicht angefangen zu siegen, da bemächtigte sich schon unsere Theologie des Geistes und des Herzens der Völker. Hätten eure Baile's, eure Voltaire's, Rousseau's, Montesquieu's wohl einen solchen Triumph auch nur ahnen können? Erkennt und würdigt daher, geehrte Herren Philosophen, die Kraft unserer fast mathematisch sicheren theologischen Demonstration.

Siebentes Kapitel.

Die Philosophen, diese immer so warmen Freunde der Wahrheit, konnten einer so klar nachgewiesenen Wahrheit nicht widerstehen und fanden zu einer Gegenrede keinen Anlaß. Vielmehr gestanden sie ein, daß alle ihre Bücher und alle ihre Arbeiten nutzlos gewesen wären, wenn ihnen die Theologie keinen Beistand geleistet hätte. Sie machten es sich selbst zum Vorwurfe, sie so spät gewürdigt zu haben, und um diesen ihren Fehler wieder gut zu machen, betheuerten sie feierlichst, daß sie die Bestrebungen einer so aufgeklärten Theologie künftig stets mit allen Mitteln unterstützen und befördern würden.

Dies gerade, erwiederte der Theologe Julius, der hier nach Klaudius wieder das Wort ergriff, dies gerade ist der Gegenstand unseres Begehrens. Denn bis dahin hatten wir die Kirche immer allein zu bekämpfen; wir haben uns dabei übermäßig abgemüdet, wir sind bleich geworden über allen den Schriften, die wir in einer wahren Unzahl vom Stapel gelassen und die uns noch obendrein viel Geld gekostet. Um aber unser großes Unternehmen an's Ziel zu fördern, bedürfen wir eures starken Armes und eures Schutzes. Da die römische Kirche an der alten Gewohnheit festhält, niemals zu schweigen, da die Bischöfe, in der Befangenheit ihrer alten Vorurtheile niemals vom heiligen Stuhle loslassen, so muß die äußere Macht unseren Lehren eine Stütze leihen, damit

Päpste und Bischöfe unter ihren eigenen Ruinen begraben werden. Wohl haben wir durch unsere Lehren das Gebäude der Kirche schon erschüttert, wir haben bereits alle seine Fundamente untergraben, und sein Gemäuer schadhaft gemacht; um aber das ganze Gebäude von Grund aus umzukehren, bedarf es eurer Mitwirkung.

Wir selbst, wir werden in Dingen der Religion Toleranz predigen, wir werden sagen, die Religion sei Sache der Ueberzeugung und die Anwendung von Gewaltmitteln sei nicht nach dem Geiste des Evangeliums. Eine solche Sprache müssen wir führen, damit wir uns die volle Freiheit bewahren, unsere Lehren ungestraft zu verbreiten. Handelt es sich aber um unsere Gegner, so werden wir uns wohl hüten, diesen Grundsatz zu befolgen. Gegen sie muß man die Gewalt zu Hülfe nehmen, mit unseren bloßen Lehren richten wir nichts gegen sie aus.

Wollt ihr uns nun Hülfe und Beistand leisten, so macht vor Allem den Dienern der Kirche das Recht streitig, über Dogma und Disciplin einseitig und ausschließlich zu verfügen. Erklärt von vornherein, daß sich die Autorität der Kirche nur auf das rein Geistliche und Innerliche, nie auf das Zeitliche und Aeußere beziehen könne. Gelüstet es euch dann, eure Hände auch in das rein Geistliche einzumischen, so ist auch hiefür leicht Rath geschafft. Ihr braucht dann bloß das Princip aufzustellen, daß auch, wenn die Kirche eine dogmatische Entscheidung treffen wolle, (nach unserer obigen Ausführung wird dies aber wohl kaum mehr geschehen können,) die Sache zuerst der aufgeklärten Philosophie zur Prüfung vorzulegen sei. Als Vorwand dient hiebei die mögliche Gefahr, daß durch solche dogmatische Entscheidungen das Glück und der Friede des Staates beeinträchtigt werde.

Denn sei auch der Glaube etwas rein Innerliches, so habe er doch Beziehungen zum äußeren Gottesdienste, der als etwas Aeußeres nicht von der Kirche allein abhängig sei. Dieses Princip ist ein zweischneidiges Schwert, womit man im Stande ist, die Kirche in ihrem Lebensnerv zu verwunden. Findet man z. B., daß die Bulle **Unigenitus** Dogmen enthält, die möglicher Weise eine Spaltung von Meinungen hervorrufen und den Frieden des Staates beunruhigen könnten, so kann sogleich eure Philosophie dagegen einschreiten.

Aus diesem Princip läßt sich dann ein anderes ableiten, das ebenso unbestreitbar ist, daß nämlich auch die dogmatischen Dekrete der Kirche, um die Gewissen zu verbinden, einer authentischen Promulgation bedürfen, die wiederum nicht ohne staatliches Placet erfolgen dürfe. Mit diesem Princip habt ihr die Geister ganz in eure Gewalt gebracht. Was die bereits definirten Dogmen betrifft, so hüten wir uns freilich, ihnen offenen Widerspruch entgegenzusetzen, man würde uns dann gleich den Vorwurf der Häresie entgegenschleudern (und wie wir schon gesagt, muß man diesem Vorwurf möglichst zu entgehen suchen; überhaupt aber sollte man das Wort **Häretiker**, das so hart und gehässig klingt, aus dem Sprachgebrauche gänzlich verbannen, und bis dahin, wo alle religiösen Unterschiede in der reinen Vernunft-Religion aufgehoben sind, diesem so harten und gehässigen Namen den milderen, weniger gehässigen: **nicht unirt** oder **dissident** substituiren). Bei ihnen vielmehr muß man sich mit einer geschickten Interpretation zu helfen suchen. Durch eine solche kann man, wie es uns z. B. hinsichtlich eines dogmatischen Canon des Concils von Trient über die annullirenden Ehehindernisse gelungen ist, alle dogmatischen Decrete der allgemeinen Concilien glücklich bei Seite schaffen. Ueberhaupt

müssen wir, wir sowohl wie ihr, streng festhalten an dem unüberwindlichen Argumente: „Es ist unzweifelhaft, daß Jesus Christus nicht in die Welt gekommen ist, um die staatliche Ordnung zu verwirren; denn er hat ausdrücklich gesagt: Mein Reich ist nicht von dieser Welt. Nun wird aber durch gewisse Dogmen die staatliche Ordnung verwirrt. Also können diese Dogmen nicht von Jesus Christus herrühren." Der Obersatz ist ganz unbestreitbar und kein Katholik wagt ihn zu bestreiten. Die ganze Schwierigkeit liegt im Untersatze. Denn da wissen unsere Gegner eine große Menge von biblischen Texten, von Väterstellen und von Vernunftgründen für sich anzuführen, und man kann auch in der That nicht in Abrede stellen, daß sie das christliche Alterthum auf ihrer Seite haben. Und deßhalb dürft ihr auch die Unbesieglichkeit eures Argumentes ja nicht abhängig machen wollen von der Stärke unserer Gründe und unserer Widerlegungen, sondern einzig und allein von der Stärke eures Armes. Klagt nur alle Diejenigen, die unsern Untersatz in Frage stellen, gleich als Aufwiegler und Unruhestifter an. Damit habt ihr allen halsstarrigen Widersachern unsers Arguments sogleich den Mund geschlossen; ihr allein habt euch dadurch den Schlüssel der Erklärung des Evangeliums in die Hände gespielt und ihn den Dienern der Kirche entwunden. Dies war bisher die Hauptfestung der römischen Katholiken. So lange wir diese nicht in unsere Gewalt gebracht, war jeder Verlust, den wir erlitten, unersetzlich. Mit unseren theologischen Doktrinen haben wir zwar Bresche in diese Festung gelegt, aber an euch ist es, diese Festung einzunehmen und sie gänzlich zu zerstören, an euch ist es, die Feinde über die Klinge springen zu lassen, und eure siegreiche
 ahne aufzustecken.

Welche entscheidendere Eroberung könntet ihr machen, als die, das Evangelium, diesen euern ärgsten Widersacher, euren Gesetzen zu unterwerfen und es ganz und gar von eurer souveränen Auslegung abhängig zu machen? Welche glücklichere Entdeckung als die, durch welche ermittelt ist, daß jene Worte Jesu Christi: „Lehret die Völker," die man in den Zeiten der Unwissenheit nur an die Apostel gerichtet glaubte, an Niemand anders gerichtet worden sind, als an euch? Welch' eine größere Glorie könnt ihr euch wünschen, als diejenige, zu sehen, wie alle Völker mit ebenso viel Andacht als Unterwürfigkeit, nicht etwa die verjährten Orakelsprüche des Vatikan oder die veralteten Decrete allgemeiner Concilien anhören, sondern vielmehr eure Auslegungen der Gesetze ihres Glaubens, ihrer Religion und des Gott schuldigen Dienstes? Welch' eine gewaltigere Macht ließe sich denken, als diejenige, welche euch zur Verfügung gestellt ist, indem ihr zu entscheiden habt, welches der wahre und der falsche Katholik sei und indem ihr Jedem, der euch zu widersprechen wagt, nicht die lächerlichen Bannflüche vergangener Jahrhunderte, sondern das viel furchtbarere Wort entgegenschleudert: „Du bist nicht ein Freund des Kaisers, unserer aufgeklärten Kirche?"

Bei diesen Worten erschien die philosophische Versammlung vom größten Staunen ergriffen. Sie hätte nie gedacht, daß sie durch die Vermittlung der Theologie hätte so überraschende Eroberungen erzielen können. So sehr es daher auch den Philosophen mißfiel, ihre reine und edle Sprache durch Einmischung von Ausdrücken des Evangeliums und der göttlichen Offenbarung erniedrigen und entweihen zu müssen, so hielten sie es doch unter diesen Umständen für angezeigt, der Gewißheit eines so glänzenden Sieges den Verdruß aufzuopfern, den ihnen der Gebrauch der für sie so barbarisch klingenden und bisher ganz unbekannten Ausdrücke verursachte. Das Einzige, was sie noch beunruhigte, war die Besorgniß, sich durch die Befolgung der Rathschläge der Theologen den Vorwurf der Inconsequenz zuzuziehen. Wir haben, sagten sie, in unseren Schriften stets die friedliche Toleranz gepredigt und in den Dingen der Religion kein anderes Mittel für zulässig erklärt, als das angenehme und friedliche Mittel der Ueberzeugung; wir haben uns stets mit Abscheu gegen die Tribunale erklärt, welche in den Dingen der Religion mit Strafen oder mit Schreck- und Gewaltmitteln vorgehen. Wir können uns daher den Schein zuziehen, als ob wir uns mit diesen seither von uns proklamirten Grundsätzen in Widerspruch setzten. Ihr tolerirt, werden die Katholiken uns sagen, alle Sekten, nur gegen unsere Religion erweiset ihr euch als Feinde. Warum übt ihr gegen alle anderen eine solche Nachsicht und gegen uns eine solche Härte? Dieses Verhalten würde uns daher nicht den ehrenden Namen legitimer Eroberer, sondern den entehrenden Namen gewaltthätiger Usurpatoren einbringen. Kann man wohl mit äußerer Gewalt aus dem menschlichen Geiste seine innere entschiedene Ueberzeugung herausreißen?

Die Theologen gaben hier durch ein Lächeln ihre bescheidene Freude zu erkennen. „Welche Inconsequenz," geehrte Herren, „welche Inconsequenz!" fiel der Theologe Klaudius ein. Wir hätten gar nicht geglaubt, daß eure aufgeklärte Philosophie so schüchtern und ängstlich sein könnte. Wenn wir euch rathen, Gewalt zu gebrauchen, so meinen wir ja nicht die offene Gewalt, als ob ihr die Gegner an der Gurgel fassen und sie abschlachten solltet. Das paßte natürlich nur für die Zeiten der Barbarei. Wir meinen vielmehr eine verborgene und geheime Gewalt, wie man etwa aus einer vergoldeten Trinkschale mit einem angenehmen Tranke dem Feinde ein langsam wirkendes Gift beibringt. Der Zustand des Unglücklichen scheint ganz der einer natürlichen Krankheit, man consultirt die Aerzte, braucht ein Arzneimittel nach dem andern, aber alles das hindert nicht, daß der Kranke immer schwächer wird und daß er bald eine Beute des Todes sein wird.

Doch kann man auch, ja zur rechten Zeit soll man sogar Päpste, Bischöfe, Priester und eifrige Katholiken in's Gefängniß werfen, sie längeren Qualen überliefern, oder auch, wenn dies nützlicher scheint, sie zum Tode verurtheilen: man darf aber ja nicht laut werden lassen, daß es der Religion wegen geschehe; es gibt ja Vorwände genug, um sie als Störer der öffentlichen Ruhe, als Aufwiegler, als Majestäts-Beleidiger solchen Strafen zu überliefern.

Im Uebrigen darf die Gewalt, deren Anwendung wir empfehlen, nur in einer Gestalt auftreten, daß es nicht scheint, als ob sie die Vernunft unterdrücke, sondern es muß im Gegentheile den Anschein haben, als ob die Vernunft die Anwendung der Gewalt geradezu gebiete. Die Gewalt darf vom Publikum nur betrachtet werden als ein vernünftiges Verfahren, als eine nothwendige durch die Pflicht diktirte Consequenz, als ein unerläßlicher Tribut, den man bloß der reinen Vernunft zahlt.

Wollt ihr die Lehre der katholischen Kirche mit einem Schlage vernichten, so bedient euch z. B. nur des heiligen und unverletzlichen Princips von der Einheit der Lehre. Wer kann euch gegen dieses Princip ankommen? Ist es nicht das Princip der katholischen Kirche selbst? Ist es nicht gerade die Einheit, welche die Gläubigen im Glauben befestigt und den Schismen, den Spaltungen, den der wahren Religion stets so gefährlichen Streitigkeiten den

Weg versperrt? Vor diesem Princip werden daher alle das
Haupt beugen. Und dann, geehrte Herren, nur gleich mit
frischem Muth von diesem Princip die Anwendung gemacht!
Man nehme den Bischöfen den Unterricht, den sie sich ver=
möge göttlichen Rechtes zueignen und übertrage ihn einer
öffentlichen Universität. Man besetze die Professuren der
Dogmatik und anderer theologischen Disciplinen an derselben
mit Männern unserer Partei, man gehe in der Auswahl
derselben mit großer Vorsicht zu Werke und lasse Niemanden
zu, der keine hinreichenden Proben von seiner Denkungsart
abgelegt. Sodann verpflichte man Alle, ihre theologische
oder philosophische Bildung aus dieser Quelle zu schöpfen,
indem man alle andere Quellen für unrein und schlammig
erklärt. Die Welt wird dann glauben, hier sicherlich die
Einheit der katholischen Lehre zu finden und wir haben an
die Stelle derselben die Einheit unserer philosophisch=theologischen
Doktrin gesetzt. Es wird nicht lange dauern, so sind die
Geistlichen und die gebildeten Laien nach unserm System gebildet
und sie werden dann in ihren Berufskreisen die Keime des
neuen Systems verbreiten, ganz unmerklich und ohne alles
Geräusch wird der Unterricht vom Papste, von den Bischöfen,
von der Kirche ganz in die Hände der Philosophie übergehen.

**Wollt ihr dem religiösen Indifferentismus
Bahn brechen?** Kehrt dann nur ein durchaus evangelisches
Princip hervor, das ihr mit einer recht andächtigen Miene
proclamirt, jenen bekannten Ausspruch Jesu Christi: „Lernet
von mir; denn ich bin sanftmüthig und demüthig von Herzen."
Denn die Folge davon wird sein, daß die christliche Liebe
alle Menschen umarmen und sie an ihren lieblichen Busen
drücken wird. Und o, wie wird man dann so leicht mit den
Personen auch die Irrthümer der verschiedenen Sekten

toleriren! Vielleicht ist es auch nur unser blinder Stolz, der uns da, wo Wahrheit ist, Irrthum sehen läßt. O, hinweg mit dem so gehässigen Worte Ketzer und Schismatiker. Das Volk wird vor Zärtlichkeit vergehen, wenn es uns die Sanftmuth so preisen hört.

Wollt ihr euch der Priester entledigen? Rückt nur wieder mit einem an sich wahren und unumstößlichen Princip heraus. Die Priester sollen arbeitsam sein und ihres erhabenen Amtes in Allem würdig wandeln: es seien ihrer wenige, aber sie seien gut. Das ganze Volk wird sogleich Beifall klatschen. Die Reform ist im Hause des Andern immer angenehmer, als in dem eigenen. Je nachsichtiger man gegen sich selbst ist, desto strengere Forderungen stellt man an Priester und Ordensleute. Und nun ziehe man aus einem an sich so wahren und unumstößlichen Princip sogleich die Consequenzen. Man ziehe die kirchlichen Pfründen ein, und mache die Priester einfach zu Söldnern der Regierung oder der Gemeinden; dazu setze man sie auf ein sehr ärmliches Einkommen, das kaum ausreicht zur Befriedigung der dringendsten Bedürfnisse. Man wird den jungen Männern dadurch die Wahl des geistlichen Standes bald verleidet haben und die meisten wird man davon zurückschrecken. Und wenn einige Priester über solche Zwangsmaßregeln sich etwa beklagen sollten: so fallen wir Theologen mit euch zusammen über sie her und rücken mit jenen so erhabenen und ascetischen Grundsätzen des geistlichen Lebens vor, die man dann am beredtesten entwickelt, wenn das eigene Interesse dabei nicht in's Spiel kommt. Wir berufen uns auf das Beispiel des hl. Paulus, der mit seinen eigenen Händen arbeitete, um Niemanden lästig zu fallen, wir erinnern an so viele stolze Texte der hl. Väter, an die Pflicht der Reinheit und der Heiligkeit der Intention und wir schlagen sie mit denselben Waffen, die in ihrem eigenen Heiligthum aufgehängt sind. Wollt ihr Alles zu Grunde richten, so dürft ihr nur Alles vergeistigen. Wollt ihr das Schlechtere, so dürft ihr nur immer das Beste fordern. Mit diesen Principien läßt das Volk sich fangen; bis auf den Grund der Sache bringt es nicht vor. Die Veränderung vollzieht sich unter seinen Augen, ohne daß es die Täuschung merkt und unter dem scheinbar gerechten Vorwande, keine unnützen Priester zu haben, werden wir auch die nothwendigen los sein.

Beliebt es euch, die Erde zu befreien von der ungestümen Schaar von Mönchen und Nonnen, die Stadt und Land überschwemmt? Stützt euch dann nur auf das schöne Princip, das Mönchsleben sei auf die ursprüngliche Einrichtung zurückzuführen, was ja auch die Kirche selbst nur wünschen kann. Alle guten Menschen werdet ihr hier für euch haben, ja unter den Ordensleuten selbst werden Viele eure Gesinnungen theilen. Aber auf welche ursprüngliche Einrichtung werden wir die Orden zurückführen? Etwa auf diejenige ihrer alten Stifter und auf den eigenthümlichen Geist ihres Instituts? Bei Leibe nicht! Das wäre das Mittel, sie zu vervielfältigen, nicht sie zu zerstören. Man führe sie zurück zu der sehr alten Einrichtung der Therapeuten, man bewillige ihnen einige Klöster in der Wildniß, alle Mitglieder derselben seien Laien, nach Rang und Aemtern nicht von einander unterschieden, alle bebauen mit ihren Händen gleich guten Bauern den Acker; so waren die eifrigen Mönche der ältesten Zeit. Das Volk wird es euch sogleich glauben, und euch Recht geben. Und hiermit — wir versichern es euch hoch und heilig, — werdet ihr alle diese Ordensmänner, die euch durch ihre Schriften, ihre Predigten, ihre Novenen, ihre Rosenkränze und ihre übrigen abergläubischen Uebungen jetzt so sehr beunruhigen, bald sämmtlich abgethan haben. Und wenn es dann keine Ordensmänner und Mönche mehr geben wird: dann werden wir triumphirend ausrufen: Sehet, seitdem man an die Reformation der Kirche Hand angelegt, hat es mit den Vokationen für das Ordensleben ein Ende, ein Beweis, daß auch die früheren illusorisch und erheuchelt waren, und daß es dabei nur auf ein bequemes Leben oder auf Befriedigung einer gewissen Eitelkeit abgesehen war oder daß sie erzwungen waren. Das Volk, ähnlich jenen lebendigen Wesen, die nur immer auf der Oberfläche des Wassers schwimmen, wird sich für überzeugt und für enttäuscht halten und es wird für dieses Geschlecht der Mönche nichts mehr als Abscheu und Verachtung übrig haben.

Wünscht ihr der Kirche und den Gläubigen alle Mittel zu rauben, welche die Andacht und Frömmigkeit erwecken: so bietet sich euch wieder ein schönes ächt christliches Princip dar, womit ihr diesen Zweck sehr leicht erreichen könnt: der bekannte schöne Satz des Evangeliums: daß Gott angebetet werden will im Geiste und in der Wahrheit. Von diesem Principe mache man nur die rechte Nutzanwendung. „Gott will angebetet sein im Geiste und in der Wahrheit" und deßhalb hinweg mit allen diesen abergläubischen Uebungen und Gebräuchen, hinweg mit diesen privilegirten Altären, diesen vielen Abläßen, diesen Fürbitten für die Verstorbenen, hinweg mit diesen Processionen, mit diesen öffentlichen religiösen Demonstrationen, mit diesen Missionen, Congregationen, Bruderschaften u. s. w. Das Volk wird vielleicht Anfangs ein wenig schreien, es wird sich aber dann leicht an den Gemuß der Freiheit gewöhnen, während ihr stets fortfahret, zu rufen und zu schreien: Gott will angebetet sein im Geiste und in der Wahrheit.

Wünscht ihr die Kirchen ihres Schmucks und ihrer Besucher zu berauben? Es steht euch wieder ein vortreffliches Princip zu Diensten, das uns die heilige Schrift an die Hand gibt. Es lautet: „Ich will Barmherzigkeit und nicht Opfer." Und also, sagt ihr im Tone einer mitleidigen Liebe, weil Gott Barmherzigkeit und nicht Opfer will, so gebe man doch die unnützen Kostbarkeiten der Kirchen den Armen, den verhungerten und zerlumpten Mitbrüdern. Der Arme, dem dieses Princip so angenehm klingt, wird es sehr gern annehmen, und es den hauptsächlichsten Glaubensstücken einreihen. Und im Namen dieses Princips greift ihr dann zu-und nehmt den Kirchen ihre Statüen, ihre vergoldeten Säulen, ihre Candelaber, Lampen und Reliquien-Schreine. Etwas Anderes wäre es freilich, wolltet ihr dieses Princip auch auf das Silberzeug der Reichen anwenden. Da würde man euch gleich die Worte: **Diebstahl, Raub** entgegendonnern; aber auf die Kirchen dürft ihr's anwenden, ihr verschafft euch dadurch den Ruf einer aufgeklärten Frömmigkeit und beraubt die Kirchen ihres Schmucks und ihrer Besucher, daß sie gleich denen der Calvinisten dem Auge nur noch kahle Wände zeigen, die an die liebenswürdige Einfachheit der ersten christlichen Jahrhunderte erinnern.

Wünscht ihr als einzige Glaubensregel die heilige Schrift zur Geltung zu bringen, und dem Privat-Geiste die Herrschaft zu sichern? Wohlan, so verrathet zwar ja nicht durch irgend ein Zeichen diese eure löbliche Absicht, aber beeifert euch dafür die heilige Schrift zu erheben und sie als das einzige Buch zu preisen, das uns als die untrügliche Regel unsers Glaubens von Gott verliehen worden sei, ohne aber die Nothwendigkeit der kirchlichen Auslegung derselben auch nur mit einem Worte zu erwähnen. Nennt es eine unbegreifliche Barbarei, wenn man den Gläubigen die einzigen lauteren Quellen des christlichen Glaubens zu verschließen trachte, vervielfältigt die Ausgaben der heiligen Schrift in der Landessprache, laßt sie zu vielen Tausenden von Exemplaren gratis vertheilen und empfehlt das Lesen der Bibel Allen ohne Unterschied, selbst den größten Ignoranten. Jeder wird dann die Bibel nach seiner Weise auslegen, man wird sich über die Auslegung derselben nicht vereinigen, es wird bald so viele religiöse Systeme geben, als es Köpfe gibt, und von der Herrschaft des Privat-Geistes wird zur Herrschaft der reinen Vernunftreligion nur noch ein Schritt sein.

Wünscht ihr unvermerkt die Messe abzuschaffen und das Volk davon abwendig zu machen? Prediget dann nur mit rechter Emphase das Verdienst und den Vorzug der sogenannten Pfarrmesse. O wie ist sie so schön und vortrefflich diese **Pfarrmesse!** Niemand findet hiegegen etwas zu erinnern. Bei dieser Messe vereinigt sich so recht die Heerde mit ihrem rechtmäßigen Hirten zur Darbringung des großen Opfers; die Pfarrangehörigen erscheinen so recht als Mitopferer mit ihrem Pfarrer und es stellt sich um so anschaulicher die Einheit der Glieder mit ihrem Haupte dar. Treibt nur diese Sache recht auf die Spitze und überlaßt uns Theologen dann das Weitere. Wir werden mit der Erklärung herausrücken, daß man durch Versäumung der Pfarrmesse an den Sonn= und Festtagen eine schwere Sünde begehe, und wir werden selbst gewisse Bischöfe dahin zu bringen suchen, daß sie über die pflichtvergessenen

Katholiken, die dieser Sünde sich schuldig machen, die Strafe der Excommunikation verhängen. Die Folgen davon werden sich dann bald zeigen. Die Einen werden stolz auf die Ehre, Mitopferer mit ihrem opfernden Pfarrer zu sein, die Messen der anderen Priester als schismatische ansehen und den Anderen wird die Pfarrmesse mit den Vorbereitungen, die ihr vorangehen, und den damit in Verbindung gebrachten Homilien oder Predigten, zu lange dauern; sie können nicht so lange Zeit ihre Häuser und ihre Kinder verlassen, und sie werden daher anfänglich sich mit dem bloßen Verlangen begnügen, der heiligen Messe beizuwohnen, dann aber ohne alle Gewissensunruhe ganz wegbleiben und sich von der sonntäglichen Anhörung der Messe einfach dispensiren, zumal, wenn wir ihnen noch durch die Lehre zu Hülfe kommen, die Unterlassung knechtlicher Arbeiten an den Sonn- und Festtagen sei kein göttliches Gebot, sondern nur ein menschlicher Gebrauch, der den häuslichen und socialen Pflichten weichen müsse.

Wünschet ihr, mit einem einzigen Schlage die Ohrenbeichte wegzubringen, ohne das göttliche Gebot direct anzugreifen? Bedient euch nur des Vorwandes des wahren Seelenschmerzes und der aufrichtigen Verabscheuung der Sünde. Welcher Katholik kann diese geoffenbarte Wahrheit in Zweifel ziehen? Aber welches werden die Folgen sein, wenn man diese Wahrheit einseitig faßt? Vor Allem werden dann die Beichten der läßlichen Sünden abgethan sein. Denn diese, die nicht geboten und auch in den ersten Jahrhunderten nicht üblich waren, sind in der Regel nicht von einem so großen Schmerze begleitet und mithin wird man besser daran thun, über diese läßlichen Sünden nur einen innern Schmerz zu erwecken, als, indem man sie ohne einen hinreichend großen Schmerz beichtet, das Sacrament zu profaniren, und sich eines Sacrilegiums schuldig zu machen. Aber auch die Beichten der schweren Sünden werden bald einen gewaltigen Stoß erhalten. Wir lehren nämlich, um sich zu versichern, ob im Pönitenten eine wahre Reue vorhanden, müsse derselbe schon eine längere Zeit Beweise der in ihm vorherrschenden Liebe Gottes abgelegt haben. Der Beichtvater hat es also in seiner Hand, die Absolution auf viele Jahre aufzuschieben, ja, um ganz sicher zu sein, sie aufzuschieben bis auf die Todesgefahr. Wird dann Jemand gegen eine solche Lehre Widerspruch erheben: so schließen wir ihm sogleich den Mund durch die Anklage, daß er die Seelen verrathe, daß er das kostbare Blut Jesu Christi unwürdig beflecke. Solche Ausdrücke erzeugen stets im Volke einen heilsamen Schrecken, es nimmt diese Sprache gern für eine Wirkung eines besonders glühenden religiösen Eifers. Glaubet aber ja nicht, diese Sprache werde auch im Volke einen rechten Abscheu vor der Sünde und einen rechten Eifer für die Bewahrung der christlichen Gerechtigkeit erwecken! Keineswegs, sie ist nur gut, um die Sünder in Verzweiflung zu stürzen und die Verzweiflung ist immer eine sehr schlechte Rathgeberin. Der Sünder schläft ein in dem Zustande, worein die Leidenschaft ihn gestürzt, und er verschiebt Alles auf das Todesbett, wo die Sünde den Sünder verläßt, nicht der Sünder die Sünde. So bringt man das ganze Leben in Ungebundenheit hin und wird nicht mehr durch die Beichte belästigt.

Und die Priester, was werden diese thun? Diejenigen, die von dieser Wahrheit überzeugt sind, werden sagen: entweder wir haben einen wahren Seelenschmerz über unsere Sünden und dann können wir ohne Beichte und ohne Absolution die Messe bis zum Tode feiern, oder wir haben keinen wahren Seelenschmerz und alsdann müssen wir entweder sacrilegisch die Messe feiern und die Sacramente verwalten, oder wir müssen den heiligen Dienst aufgeben und in den Laienstand zurückkehren. Das Erste wollen wir nicht, und es bleibt uns daher nur das Letztere übrig. Und die Folge davon wird sein, daß die Zahl der Priester am Altare sich täglich vermindern wird.

Noch einen anderen Riegel werden wir dem häufigen Beichten vorschieben. Wir nehmen die Pönitenten recht unfreundlich auf und fahren sie in einem recht barschen Tone an; sie werden denken, der Abscheu vor ihren schweren Sünden sei Schuld an diesem unserm herben und abstoßenden Wesen; wir sagen zu ihnen nur, was sie erschrecken, aber nichts, was sie aufrichten kann, und sie werden in Gott nur einen unerbittlichen Tyrannen sehen. Und dies gerade wird das sicherste Mittel sein, um das Beichten in Abgang zu bringen. Den Schmerz, der zur Offenbarung der Sünde antreiben sollte, wird man gebrauchen, um dem Sünder für immer den Mund zu verschließen; das Heilmittel, das dem Kranken das Leben retten sollte, wird man in töbtendes Gift umwandeln. Wie oft begegnet es nicht, daß ein Arzt gerade durch Anwendung zu starker Arzneimittel seinen Patienten in die andere Welt spedirt hat, und man rühmt ihn noch obendrein als einen besonders geschickten und tüchtigen Heilkünstler! Die Verwandten beweinen den Verstorbenen, und der Arzt, der ihn hingemordet, geht gravitätisch einher, geehrt und geachtet. Man redet nur von seiner Zärtlichkeit und seinem großen Eifer, den er bei Behandlung seiner Kranken entwickelt.

Wünscht ihr, daß nicht mehr so viele Communionen stattfinden? Sprecht nur diesen euren Wunsch nicht aus. Setzt aber die Zeit fest, wo man sich an der Communionbank einfinden solle. Erneuert die Gewohnheit des ehrwürdigen Alterthums, daß man nur mit der in der gerade besuchten Messe consecrirten Hostie communicire und nicht anders. Die Gründe, die sich hiefür anführen lassen, erscheinen sämmtlich der gesundesten Theologie und der ältesten kirchlichen Disciplin entlehnt; die meisten Priester, die nicht ahnen, worauf wir es eigentlich abgesehen, werden dafür laut ihre Stimme erheben. Endlich muß dahin gewirkt werden, daß in jeder Pfarrei nur ein einziger Priester ist. Je mehr unsere Theologie zur Herrschaft gelangt, desto mehr dürfen wir auf eine stetige Abnahme der Geistlichen rechnen; den einen wird es an Beruf fehlen, den anderen an den Mitteln, die Kosten ihrer Studien zu bestreiten, und wieder andere besitzen nicht mehr die Taufunschuld, die wir von den Aspiranten des geistlichen Standes fordern. Es wird daher bald kaum noch so viele Priester geben, daß man jeder Pfarrei nur einen zuweise. Dieser eine wird aber bald nicht die Zeit, bald nicht den Willen haben, die Beichten aller seiner Pfarrkinder zu hören und die Communionen werden daher sich von selbst mindern. Kommen nun hiezu noch die anderen oben gedachten strengen Forderungen, wodurch wir die Würdigkeit der Beichte und der Communion bedingen, so könnt ihr sicher darauf rechnen, daß wir in nicht gar langer Zeit das erwünschte Ziel erreicht haben.

Wünscht ihr diese so beredten Volks-Missionsprediger, deren Predigten auf das Volk in der Regel einen so gewaltigen Eindruck machen, zum Schweigen zu bringen? Bedient euch dann wieder nur eines Princips, das theilweise sehr wahr und unbestreitbar, das sich aber doch nicht immer und in allweg bewahrheitet.

Saget, daß das Wort Gottes mit einer besonderen Gnade begleitet sei, wenn es aus dem Munde des eigenen Pfarrers kommt. Wenn man das Hirtenamt der Pfarrer erhebt und den Segen, den eine sorgfältige und gewissenhafte Wahrnehmung dieses Amtes verbreitet, mit begeisterten Worten anerkennt: welcher Katholik wird dagegen etwas einzuwenden haben? Macht nun hievon die Nutzanwendung und fragt, ob nicht durch die herbeigerufenen fremden Prediger das Ansehen der Pfarrer beeinträchtigt werde, ob der Nutzen, den sie stiften (wenn man diese vorübergehenden Rührungen und Erregungen einer erhitzten Einbildungskraft überhaupt einen Nutzen nennen kann), durch diese Beschädigung der ordentlichen Pfarrseelsorge nicht bei weitem aufgewogen werde!

Wünscht ihr, in den Herzen der Katholiken den Glauben an die Unfehlbarkeit der Kirche zu erschüttern? Auch hiefür wissen wir euch wieder ein Mittel, das seine Wirkung nicht versagt. Erhebet laut eure Stimme gegen die Jesuiten. Kennzeichnet sie dem Publikum als eine Gesellschaft falscher, hinterlistiger, ränkesüchtiger Menschen. Der große Haufe, in die Tugend und Ehrlichkeit des Nebenmenschen immer gern Mißtrauen setzend, wird euch auf das bloße Wort hin Glauben schenken. Habt ihr aber die leichtgläubigen Menschen erst an die Schlechtigkeit dieser Gesellschaft glauben gemacht, so ist das Zweite, was ihr zu thun habt, daß ihr zeigt, welch' einen mächtigen Einfluß diese Gesellschaft in der Kirche ausübe, wie sie Papst, Bischöfe und Geistlichkeit beherrsche, ja, wie ihre Macht selbst bis auf die Höfe hinaufreiche. Auch für diese eure Behauptungen, mögen sie auch noch so übertrieben sein, werdet ihr bei dem leichtgläubigen Publikum leicht Glauben finden. Habt ihr so die öffentliche Meinung für euch gewonnen, so geht ihr dann direct auf euer Ziel los. Ihr zeigt, wie diese Jesuiten durch ihre Fabeln und Lügen die Lehre und die Geschichte der Kirche verfälscht, und wie sie, ebenso schlau und ränkevoll wie die einstigen Arianer, ihrem System überallhin Eingang verschafft, ihre Sache zur Sache der Kirche gemacht und Papst, Bischöfe und Priester an ihrem Gängelbande und in die Irre geführt. Und dann ruft ihr mit tugendhafter Entrüstung im Tone eines auf den Trümmern Jerusalems sitzenden und weinenden Jeremias aus: „O, wie ist doch so verdunkelt das Gold, verändert die schönste Farbe, wie liegen zerstreut die Steine des Heiligthums an allen Straßenecken ... wie klebt ihr Unflath an ihren Füßen, wie tief ist sie gestürzt, die ehemals so hoch geehrte Stadt" ...

Aus dem vergoldeten Becher eines heiligen Jeremias schlürft nun eure leichtgläubige Menge wirklich die Meinung, um deren Verbreitung es euch zu thun war, daß die ganze Kirche durch menschlichen Lug und Trug in Irrthum gestürzt sei, und das Dogma von der Unfehlbarkeit der Kirche ist erschüttert. Hättet ihr, wie ehemals Luther mit allzugroßer Ehrlichkeit, zu behaupten gewagt: die wahre Kirche Jesu Christi habe schon im fünften Jahrhunderte zu bestehen aufgehört, so hätte man euch sofort als lutherische Häretiker gebrandmarkt. Aber Dank dem allgemeinen Abscheu, der auf den Jesuiten lastet, haben wir es zu Wege gebracht, daß man jetzt die Kirche nicht mehr da erkennt, wo sie nach dem Zeugnisse des Evangeliums und der constanten Ueberlieferung aller Jahrhunderte von Christus ist auferbaut worden, beim Stuhle des heil. Petrus und den mit ihm vereinigten Bischöfen. Wir haben es durch folgende Argumentation zu Wege gebracht. Die Kirche Jesu Christi kann göttlicher

Verheißung zufolge nicht in Irrthum fallen; die Kirche aber,
die bis dahin darauf Anspruch machte, die lehrende zu sein,
d. h. der mit dem Stuhle des h. Petrus vereinigte Episko=
pat, ist, durch die Listen und Ränke der Jesuiten verführt,
wirklich in Irrthum gefallen; mithin ist sie nicht die Kirche
Jesu Christi. Diese Schlußfolgerung ist genau dieselbe, die
einst Luther zog. Aber Dank den Jesuiten, die uns als
Sündenböcke dienen, wird sie jetzt sogar von gewiegten
Theologen als eine unbestreitbare Wahrheit hingenommen.
Fragt man: wo denn die Kirche, die die göttlichen Verhei=
ßungen für sich habe, sich eigentlich befinde: so antworten
wir: wir bilden sie, so wenige auch unser sein mögen.
Wir haben den kostbaren Glaubensschatz geerbt, den die
alternde Kirche, die ganz im Jesuitismus aufgegangen, ver=
untreut hat. Wir, die wir noch in frischer Jugend blühen,
wir halten in unseren Händen unzerbrochen den Faden der
wahren apostolischen und katholischen Ueberlieferung. In
uns bewahrheiten sich noch immer die göttlichen Verheißun=
gen von der Unfehlbarkeit der Kirche in Dingen des christ=
lichen Glaubens. Uns liegt jetzt ob, unsere Brüder im
Glauben zu stärken. Der Papst ist verpflichtet, sich der
wahren Kirche anzuschließen, deren bloßer Diener und Man=
datar er ist. Weigert er sich dessen, dann um so schlimmer
für ihn. Man überläßt ihn dann in Rom seinem Irr=
thume, in der Eigenschaft eines einfachen schismatischen Bi=
schofs; man überträgt die Tiara von seinem Haupte auf das
Haupt des Erzbischofs von Utrecht und übergibt jenen ver=
dienter Vergessenheit. Das große Concil von Pistoja hat
schon Hand angelegt, diesen Plan zu verwirklichen. Ist nun
so die ganze Kirche unseren Händen überliefert, so ist sie es
auch den eurigen. Ihr könnt dann, geehrte Herren Philo=

sophen, mit ihr nach Willkühr schalten. Ihr werdet dann in der ganzen Welt keine Kirche finden, die so zärtlich besorgt wäre für das Wohl des Staates und der menschlichen Gesellschaft; ihr erster Glaubensartikel, von dem alle anderen abhängen und der alle anderen erklärt, wird sein: **Gebet dem Kaiser, was des Kaisers ist.**

Sehet, geehrte Herren, diesen großen Vortheil verdanken wir allein den Jesuiten, nachdem wir sie auf die Schaubühne der Welt gebracht. Durch eine glückliche Combination haben wir aus ihnen das geheime Triebrad gemacht, das in der Maschinerie der Kirche diesen so wunderbaren Umschwung der Gedanken, und diese so heiß ersehnte Veränderung des ganzen Religionssystems hervorgebracht.

Soll nun schließlich noch an die Wurzel des Baumes die Axt gelegt werden? Auch dieses mächtige Instrument, geehrte Herren Philosophen, ist in eurer Hand. Ach, erfüllt jetzt die Wünsche aller Gläubigen und gebet den Priestern **Frauen**. Diese Maßregel ist sehr leicht gerechtfertigt. Mit eurem philosophischen Pinsel entwerfet ihr nur ein möglichst düsteres und häßliches Gemälde von dem allgemeinen Verderbniß des Klerus. Die Schilderungen müssen so sein, daß sie das Publikum ganz in Erstaunen setzen. Ob wahr oder nicht wahr, schreiet nur unaufhörlich und so laut, wie ihr könnt: „Es ist auch nicht einer mehr, der etwas taugt."

Auch wir Theologen werden uns einem so herrlichen Unternehmen gegenüber nicht müßig verhalten. Wir suchen in den geschichtlichen Monumenten der griechischen Kirche für euer Unternehmen eine solide theologische Stütze. Wir wenden uns mit einem heiligen Eifer gegen den kühnen und grausamen Gregor VII., der durch sein hartes Cölibatsgesetz so viele gute Priester in die Nothwendigkeit versetzt hat, sich in Sünde und Laster zu stürzen. Wir verurtheilen laut die Barbarei eines Papstes, dessen Tigerherz so viele würdige Diener der Kirche in die Hölle gebracht hat, statt ihnen durch ein so leichtes Heilmittel in väterlicher Liebe die Thore des Paradieses zu öffnen. Die Weltkinder, schon längst in diesem Punkte gegen Priester und Ordensleute äußerst mißtrauisch und die Leidenschaften Anderer nach ihren eigenen bemessend, werden die Nothwendigkeit, die Gerechtigkeit und Billigkeit eurer Maßregel anerkennen und sie werden voller Bewunderung darüber sein, daß wir mit unserer so strengen Moral so viel Milde und Rücksicht gegen die menschlichen Schwachheiten und Bedürfnisse so schön zu vereinigen gewußt haben.

Die Vortheile aber, die wir aus dieser Maßregel ziehen, werden ganz enorm sein. Wir versichern euch, von dem Tage an, wo die Frauen in die Häuser der Priester hineinwandern werden, werdet ihr mit ebenso viel Ueberraschung als Freude sehen, daß aus den Köpfen der Priester alle diese alten Ideen von Schrift, von Vätern und Concilien massenweise hinauswandern werden. An die Stelle dieser Studien und Sophistereien, denen sie in ihrem ruhigen bequemen Cölibatsleben meist nur aus Langeweile sich widmeten, treten dann die Zärtlichkeit und vielleicht die Eifersucht für das Eheweib, die Sorge für die Kinder, die Unruhen um einen mißrathenen Sohn oder um Versorgung einer Tochter. Bei diesen verheiratheten Priestern werdet ihr nicht mehr finden dieses strenge Halten auf alte abergläubische Uebungen, ihr werdet in jedem von ihnen nur anerkennen und zu ehren haben den einfachen Charakter eines treuen Ehegatten, eines zärtlichen Vaters, eines fleißigen Bürgers, eines liebevollen Freundes. Kurz, durch Ausführung dieses großen

Unternehmens werden wir die Kirche so tief verschütten und
begraben, daß bald keine Spur auf der Oberfläche der Erde
mehr wahrzunehmen sein wird. Und auf zwei ganz verschie=
denen Wegen gelangen wir an dasselbe Ziel; ihr wandelt
den Pfad der aufgeklärten, der Humanität stets so befreun=
deten Philosophie, wir wandeln, wie gewöhnlich, den Pfad
der Theologie und des glühenden Eifers für das Seelenheil
der Diener der Kirche.

Sehet, geehrte Herren Philosophen, im Schatten so reiner
und aufgeklärter Principien könnt ihr ungestraft, ganz nach
eurem Gefallen, Christenthum und Kirche in Trümmer legen.
Die Gewalt, deren ihr euch hierzu bedient, erscheint nicht
irdisch, nicht tyrannisch, nicht eine Zerstörerin der mensch=
lichen Freiheit, sondern sie hat den Schein einer göttlichen,
einer wahrhaft vernünftigen und nur der höchsten Wahrheit
selbst dienenden Gewalt; ihr gebraucht sie nicht, um aus
einem Katholiken einen Häretiker zu machen, sondern viel=
mehr um den Katholiken aufzuklären und zu reformiren.
Der Widerstand gegen diese Gewalt wird dann nur noch er=
scheinen als ein verstocktes Widerstreben gegen das Licht des
Evangeliums und des christlichen Glaubens. Der hartnäckig
Widerstrebende wird vernichtet und vernichtet nicht durch un=
sere Gewalt, sondern durch seinen eigenen christlichen Glau=
ben. Wie könnt ihr also, wenn ihr uns euren mächtigen
Arm leiht, den Vorwurf der Inconsequenz fürchten!

Wir haben euch nun, geehrte Herren Philosophen, die
hauptsächlichsten Theile unseres theologischen Systemes dar=
gelegt. Es ist dieses System die Frucht ernster Studien, die
Frucht lang fortgesetzter praktischer Beobachtungen und un=
seres unermüdlichen Nachdenkens. Alle alten Theologen ha=
ben mit allem ihrem Scharfsinne ein solches System nicht

ausdenken können. Uns blieb der Ruhm vorbehalten, das einzige und unfehlbare Mittel zu entdecken, um in der Welt die katholische Kirche zu vernichten, unter dem Vorwande, sie zu stützen, und Alle unter dem Vorwande, sie aufzuklären, am Narrenseile zu führen. Ihr werdet sehen, daß bei Anwendung unseres Systems durch die Principien der göttlich geoffenbarten Religion die göttliche Offenbarung selbst zerstört, daß durch die Waffen des christlichen Glaubens der christliche Glaube selbst zu Grunde gerichtet, daß mittels des ehrwürdigen Alterthums die Neuerung eingeführt, daß durch die Reform der Moral der zügellosen Uebertretung der Moral Vorschub geleistet, daß durch die Worte des Evangeliums das Evangelium unterdrückt, daß durch die Stimme der Wahrheit der Irrthum verbreitet, daß durch den Gebrauch der Autorität der Privat-Geist auf den Thron gesetzt und daß die heilige Schrift und die Vernunft unter das friedliche Scepter eurer Philosophie gebracht werden.

Dieser lange pathetische Vortrag überzeugte vollständig die philosophische Versammlung, die ihre Befriedigung und Zustimmung durch vielfache laute Beifallsbezeugungen kundgab. Man wollte die Abschließung eines feierlichen gegenseitigen Bündnisses auch nicht einen Augenblick länger verschieben. Folgendes waren die Bedingungen:

1. Die Philosophen sollten die modernen Theologen bei jedem wichtigen Unternehmen um Rath fragen, um von ihnen zu erfahren, wie mit den Worten der heiligen Schrift und der Väter der Schein des Katholicismus zu retten sei.

2. Die Theologen sollten in allen ihren Lehren und Unterweisungen die strengste Sorgfalt anwenden, um in Allem direct oder indirect die Interessen der aufgeklärten Philosophie zu befördern.

3. Die Philosophen sollten niemals Anstoß daran nehmen, wenn die Theologen sie mit den gewöhnlichen Waffen der Offenbarung angreifen würden. Diese Angriffe hätten nur den Zweck, das Geheimniß desto mehr zu bewahren und den philosophischen Bestrebungen desto mehr den gehofften Erfolg zu sichern.

4. Die Theologen sollten ihrerseits die Philosophen auf eine Weise bekämpfen, daß sie das, was sie mit der einen Hand aufbaueten, mit der andern wieder niederrissen, wie es schlaue Räuber machen, die sich anstellen, als ob sie einander fremd oder feind seien, um der Opfer ihrer Raubsucht, nachdem sie dieselben in Sicherheit gewiegt, sich desto eher bemächtigen zu können.

5. Die Philosophen sollten sich ihrerseits bei vorkommenden Gelegenheiten den modernen Theologen gefällig erweisen, ihnen ihren mächtigen Schutz angedeihen lassen und (ein Punkt, der unseren Theologen ganz besonders am Herzen lag) ihnen zu Auszeichnungen und zu ebenso ehrenvollen als einträglichen Stellen verhelfen.